나의 어휘력과 표현력을 위한

세상과 ──── 소통하는

사자성어
명언 필사

나의 어휘력과 표현력을 위한

세상과 ——— 소통하는

사자성어 명언 필사

김한수 지음

하늘
아래

들어가며

우리는 매일 세상과 소통하며 살아갑니다. 말과 글은 그 소통의 가장 중요한 도구이자, 우리의 생각과 감정을 전달하는 창입니다.

하지만 때로는 단순한 말과 글로는 표현하기 어려운 깊은 의미와 감정이 있습니다. 그럴 때 사자성어는 우리의 생각을 함축적이고 강렬하게 전달하는 데 큰 힘을 발휘합니다.

사자성어는 단순한 네 글자가 아니라, 수천 년의 역사와 지혜가 담긴 보석과 같습니다. 이 책은 그 보석 같은 사자성어를 통해 세상과 더 깊이 소통하고, 나아가 자신의 어휘와 표현력을 한층 더 풍부하게 만드는 데 도움을 주고자 기획되었습니다.

이 책은 사자성어를 배우는 것을 넘어, 그 사자성어와 어울리는 세계적인 명언들을 함께 소개합니다. 사자성어는 동양의 지혜를, 명언은 서양의 철학과 통찰을 담고 있습니다. 이 두 가지를 함께 배우고 필사함으로써, 독자들은 동서양의 지혜를 아우르는 풍부한 사고와 표현력을 키울 수 있을 것입니다.

필사는 단순히 글을 베끼는 행위가 아닙니다. 필사는 마음으로 글을 읽고, 그 의미를 곱씹으며, 자신의 것으로 만드는 과정입니다. 이 과정을 통해 독자들은 단순히 지식을 습득하는 것을 넘어, 자신의 내면을 성찰하고 성장할 수 있는 기회를 얻을 것입니다.

이 책은 특히 어른들을 위한 책입니다. 어른이 되어서도 배움은 계속되어야 합니다. 사자성어는 우리의 삶을 돌아보고, 더 나은 방향으로 나아가기 위한 지혜를 제공합니다. 그리고 그 지혜를 명언과 함께 필사하며, 우리는 자신의 언어와 사고를 더욱 다듬을 수 있습니다. 이 책을 통해 독자들은 다음과 같은 변화를 경험할 수 있을 것입니다.

첫째, 어휘력의 확장입니다. 사자성어와 명언을 통해 풍부한 어휘를 습득하고, 이를 일상에서 자연스럽게 활용할 수 있습니다.

둘째, 표현력의 강화입니다. 짧지만 강렬한 사자성어와 명언을 통해 복잡한 생각과 감정을 간결하고 명확하게 표현하는 능력을 키울 수 있습니다.

셋째, 사고의 깊이입니다. 사자성어와 명언 속에 담긴 깊은 의미를 곱씹으며, 자신의 사고를 더욱 풍부하고 깊이 있게 확장할 수 있습니다.

넷째, 마음의 성찰입니다. 필사를 통해 자신의 내면을 들여다보고, 삶의 방향을 되돌아보는 시간을 가질 수 있습니다.

이 책은 단순히 사자성어와 명언을 나열한 책이 아닙니다. 각 사자성어와 명언을 통해 독자들이 자신의 삶을 돌아보고, 더 나은 방향으로 나아갈 수 있도록 돕는 안내서입니다.

책 속의 글자 하나하나가 독자들의 마음속에 스며들어, 삶의 지혜와 용기로 변할 수 있기를 바랍니다.

한자의 필순 원칙

한자를 쓰는 데는 일정한 규칙이 있다. 필순(筆順)이란 한자 낱자를 쓸 때의 순서를 의미한다.

필순이 먼저 생기고 그것에 따라 쓴 것이 아니라는 점에서 반드시 절대적이라고 할 수는 없지만, 수많은 한자를 씀에 있어 모양새 있게 쓰면서 빠르고 정확하게 쓸 수 있는 순서를 찾아 이를 귀납적으로 규칙화한 것이다.

필순(筆順)의 원칙은 다음과 같다.

1. 위에서 아래로 쓴다.

예 三	一 二 三

2. 왼쪽에서 오른쪽으로 쓴다.

예 川	丿 丿丨 川

3. 가로와 세로가 겹칠 때에는 가로획을 먼저 쓴다.

예 十	一 十

4. 좌우 대칭일 때는 가운데 획을 먼저 쓰고 왼쪽, 오른쪽의 순서로 쓴다.

예 小	亅 亅丶 小
예 水	亅 亅丿 水 水

5. 둘러싼 모양의 글자는 바깥둘레를 먼저 쓰고 안은 나중에 쓴다.

예 月	ㇿ 刀 月 月

예 同	丨 冂 冂 同 同 同

- 바깥둘레를 먼저 쓰고, 안은 나중에 쓰나 문은 마지막에 닫는다.

예 回	丨 冂 冂 冋 回 回

예 國	丨 冂 冂 冋 同 同 冋 國 國 國 國

6. 삐침(丿)과 파임(㇏)이 어우를 때는 삐침을 먼저 쓴다.

예 人	丿 人

예 父	丶 丷 父 父

7. 글자 전체를 꿰뚫는 획이나 받침(辶, 廴)은 나중에 쓴다.

예 中	丨 冂 口 中

예 母	乚 乜 母 母 母

예 近	丶 厂 斤 斤 沂 沂 近 近

예 建	一 ㇕ ㅋ ㅋ ㅌ 聿 聿 律 建

예외 起, 題, 勉 등의 받침(走, 是, 免)은 받침을 먼저 쓴다.

7

8. 오른쪽 위의 점과 안의 점은 맨 나중에 찍는다.

예 代	ノ 亻 仁 代 代

예 瓦	一 丆 瓦 瓦 瓦

* 원칙으로 인정되는 필순이 복수이거나 위의 원칙에서 벗어나는 예외적인 글자도 간혹 있지만, 그런 경우는 별도로 익혀두는 수밖에 없다.

● 필순 참고사항 ─────────────────

1. ⺿(초두머리)는 4획으로 다음의 필순을 권장한다.

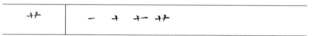

2. ⽝(필발머리)의 필순은 5획으로 다음의 필순을 권장한다.

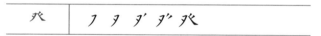

3. 臼(절구 구)의 필순은 6획으로 다음의 필순을 권장한다.

臼	ノ 亻 𠂉 𦥑 臼 臼

차례

초지일관 初志一貫

처음[初] 품은 뜻을[志] 한결같이[一] 꿰뚫음[貫]

| 처음 품은 뜻을 변함없이 일관되게 유지한다는 뜻. |

초지일관은 초심을 잃지 않고 처음 세운 계획이나 목표를 끝까지 지키려는 결심과 의지를 표현하는 말입니다.

이 표현은 보통 어떤 목표나 결심을 세우고, 중간에 어려움이나 유혹이 있더라도 처음의 뜻을 잃지 않고 지속적으로 노력하는 사람이나 상황에서 사용됩니다. 예를 들어, 어려운 상황에서도 계획을 변하지 않고 실천하는 경우에 초지일관이란 말을 사용할 수 있습니다.

• 관련된 성어 ───────

시종일관(始終一貫) : 처음부터 끝까지 한결같이 함.

수미일관(首尾一貫) : 어떤 일을 처음부터 끝까지 한결같이 하다.

예문 초지일관의 노력 덕분에 꿈을 이룰 수 있었다.

初	志	一	貫
처음 초	뜻 지	한 일	꿸 관

◆◇◆
초지일관 初志一貫

한 번 결심한 일은 끝까지 밀고 나가라.
바로 그것이 성공의 비결이다.

- 안나 파블로바 (Anna Pavlova) -

한 번 마음먹은 일은 끝까지 이루어가야 합니다.
그 꾸준함이 결국 성공으로 이끌어가기 때문입니다.

유시유종 有始有終

처음이[始] 있으면[有] 끝도[終] 있다[有]

| 한번 시작한 일을 끝까지 마무리함을 이르는 말 |

유시유종을 직역하면 '처음이 있으면 끝도 있다'는 뜻입니다.
어떤 일이든 처음부터 끝까지 계획적으로 진행하고 완벽하게 마무리하는 상황을 표현할 때 사용되는 말입니다.
즉, 어떤 일을 시작할 때부터 끝맺을 때까지 변함없이 지속하는 태도를 강조하며, 책임감과 성실함을 나타낼 때 사용됩니다.

• 관련된 성어 ─────

유종지미(有終之美) : 한번 시작한 일을 끝까지 잘하여 끝맺음이 좋음.
무두무미(無頭無尾) : 밑도 끝도 없음을 뜻하는 말.
자초지종(自初至終) : 처음부터 끝까지의 과정.

예문 유시유종의 정신으로 끝까지 최선을 다하는 모습이 인상적이었다.

有	始	有	終
있을 유	처음 시	있을 유	마칠 종

◆◇◆

유시유종 有始有終

가장 어려운 것은 시작하는 것이다.
일단 시작하고 나면, 나머지 길은 보다 더 쉬울 것이다.

- 사이먼 시넥 (Simon sinek) -

처음 품은 뜻이 변하지 않는 것은 삶의 아름다운 약속이며
끝맺음의 완성이야말로 열정과 성실의 증표입니다.

자금위시 自今爲始

스스로[自] 지금[今] 시작[始]하다[爲]

| 바로 지금부터 시작하다 또는 오늘부터 시작하다 |

자금위시를 '직역하면 스스로 지금 시작하다'는 뜻입니다.
이 표현은 어떤 일을 새롭게 시작하거나, 지금 이 순간부터 무엇인가를 시작하겠다는 결심을 나타낼 때 사용됩니다.
예를 들어, 중요한 목표를 설정하거나, 새해를 맞이하여 다짐할 때, 또는 기존의 방식을 바꾸고 새로운 방향을 정할 때 사용될 수 있습니다.

• 한자의 발견

始(시) : 여(女)와 태(台)가 합하여 이루어진 모습으로, 생명이 시작되는 것을 의미하여, '시작하다', '처음', '일찍이'라는 뜻을 가진 글자가 되었습니다.

예문 새해가 되면 자금위시라며 새로운 목표를 세우는 사람들이 많다.

自	今	爲	始
스스로 자	이제 금	할 위	시작할 시

◆◇◆

자금위시 自今爲始

나무를 심기에 가장 좋은 때는 20년 전이었고,
두 번째로 좋은 때는 바로 지금이다.

- 중국 속담 -

중요한 것은 기회를 놓쳤다고 좌절하는 것이 아니라,
지금 이 순간을 새로운 출발점으로 삼는 것입니다.

4
사자성어
명언 필사

기호지세 騎虎之勢

호랑이를[虎] 타고[騎] 달리는[之] 형세[勢]

| 시작한 일을 중도에 그만둘 수 없는 상황을 비유한 말 |

기호지세를 직역하면 '호랑이를 타고 달리는 형세'라는 뜻입니다.
이미 위험하거나 힘든 일을 시작하여, 도중에 멈추거나 포기하면 더 큰 위기가
찾아올 수 있음을 뜻합니다. 즉, 시작한 일을 도중에 멈추기 어렵고, 계속 진행하
기 어려운 진퇴양난의 상황을 비유한 말입니다.

• 관련된 성어

진퇴양난(進退兩難) : 이러지도 저러지도 못하는 난처한 처지에 놓여 있음.

사면초가(四面楚歌) : 도움을 받지 못하는, 외롭고 곤란한 지경에 빠진 형편.

파죽지세(破竹之勢) : 거침없이 진격하거나 물러설 수 없는 기세.

예문 개혁을 시작한 이상 기호지세로 밀고 나가야 한다.

騎	虎	之	勢
말 탈 기	범 호	갈 지	형세 세

16

◆ ◇ ◆

기호지세 騎虎之勢

과거로 돌아가 현재를 바꿀 수는 없지만,
현재 위치에서 시작해서 결말을 바꿀 수는 있다.

- C. S. 루이스 (C. S. Lewis) -

지금까지 어떤 길을 걸어왔든 상관없습니다.
중요한 것은 지금부터 어떻게 시작할 것인가 입니다.

용두사미 龍頭蛇尾

용의[龍] 머리와[頭] 뱀의[蛇] 꼬리[尾]

| 처음은 좋으나 끝이 좋지 않음을 비유적으로 이르는 말 |

용두사미는 '용의 머리와 뱀의 꼬리'라는 뜻으로, 시작은 크고 멋지지만 끝은 형편없거나 미흡한 상태를 표현하는 사자성어입니다.
즉, 마치 용의 머리처럼 위풍당당하게 시작했지만, 뱀처럼 초라하게 끝나는 모습을 비유하여 처음의 기대감과는 달리 실망스러운 결과를 얻는 경우를 뜻하는 말입니다.

• 관련된 속담과 성어

빈 수레가 요란하다 : 실속이 없는 사람이 큰 소리를 내거나 허세를 부린다는 의미.
교각살우(矯角殺牛) : 소의 뿔을 바로잡으려다가 소를 죽인다는 뜻.

예문 그 사람은 항상 용두사미처럼 말만 크게 하고, 실제로는 끝까지 일을 마무리하지 못한다.

龍	頭	蛇	尾
용 룡(용)	머리 두	긴 뱀 사	꼬리 미

◆◇◆

용두사미 龍頭蛇尾

사람들은 항상 처음에는 큰 꿈을 꾸고 거창하게 시작하지만,
중요한 것은 그 꿈을 끝까지 실현하는 것이다.
시작이 중요하지만, 끝을 맺는 것이 더욱 중요하다.

- 조지 워싱턴 (George Washington) -

꿈이란 단순한 희망이 아니라,
포기하지 않고 끝까지 실현해 나가는 과정입니다.

무사안일 無事安逸

아무 일[事] 없이[無] 편안함을[安] 유지하다[逸]

│아무 일 없이 편안하고 한가로움. 또는 그런 상태를 유지하려는 태도│

무사안일을 직역하면 '아무 일 없이 편안함을 유지하다'는 뜻입니다.
'무사(無事)'는 문제가 없거나 일이 일어나지 않는 상태를 의미하고, '안일(安逸)'은 편안하고 여유로운 상태를 뜻합니다.
그러나 무사안일은 어려움 없이 평탄한 상태에서 지내는 것을 의미하지만, 때때로 그 상태가 지나치게 안주하는 상태로 비판적으로 사용될 수 있습니다.

• 관련된 성어

복지부동(伏地不動) : 변화를 주지 않고, 주어진 상태에 그대로 머무는 태도.

유유자적(悠悠自適) : 편안하게 여유로운 삶을 살며 아무 걱정 없이 지내는 상태.

예문 무사안일한 삶을 추구하다 보면 결국 큰 성과를 이루지 못할 것이다.

無	事	安	逸
없을 무	일 사	편안할 안	숨을 일

◆◇◆
무사안일 無事安逸

항구에 정박해 있는 배는 안전하지만,
배는 그런 용도로 만들어지는 것이 아닙니다.

- 존 A. 셰드 (John A. Shedd) -

배가 항구를 떠나야 의미를 찾듯,
우리는 도전에 나서야 우리의 삶을 살아가는 것입니다.

명목장담 明目張膽

눈을[目] 밝게[明] 하고 담을[膽] 넓힌다[張]

| 두려워하지 않고 용기를 내어 행동함 |

명목장담은 어떤 일을 할 때 분명한 태도로 대담하고 용기 있게 행동할 때 표현하는 말입니다.

여기서 명목(明目)은 눈을 밝게 뜨고 명확하게 파악한다는 뜻으로, 진실을 직시하고, 올바르게 판단한다는 태도를 의미하며, 장담(張膽)은 담력을 펼친다는 뜻으로, 두려움을 극복하고 용기 있게 행동하는 것을 의미합니다.

• 한자의 발견

膽(담) : '용기', '담력', '쓸개'의 의미를 가진 글자로, 쓸개는 소화과정에서 중요한 역할을 하는 장기로, 건강과 생명의 상징으로 여겨졌으며, 따라서 담은 용기와 담력뿐만 아니라 건강, 생명력과 같은 의미로도 쓰인다.

예문 기업은 친환경 정책을 강조하며 명목장담 했지만, 실천은 미미했다..

明	目	張	膽
밝을 명	**눈** 목	**넓힐** 장	**쓸개** 담

◆◇◆

명목장담 明目張膽

용기란 두려움을 극복하는 것이 아니라,
두려움이 존재하는 가운데서 행동하는 것이다.

- 안더슨 쿠퍼 (Anderson Cooper) -

두려움을 느낀다고 주저하지 말아야 하며, 오히려
그 감정이 있다는 것은, 당신이 도전하고 있다는 증거일 것입니다.

단사표음 簞食瓢飲

대나무에[簞] 담긴 밥과[食] 표주박에[瓢] 담긴 물[飲]

| 청빈하고 소박한 생활을 비유한 말 |

단사표음은 '대나무에 담긴 밥과 표주박에 담긴 물'이라는 뜻입니다.
여기서 단사(簞食)란 대나무로 만든 작은 그릇에 담긴 밥을 뜻하며, 표음(瓢飲)
은 표주박에 담긴 물을 뜻합니다.
즉, 이 표현은 청빈하고 소박한 생활을 묘사하며, 때로는 고통을 감수하고 살아
가는 인내와 고독을 강조하는 데 사용될 수 있습니다.

• **관련된 성어**

　안분지족(安分知足) : 분수를 지키며 만족함을 알다.

　청빈낙도(淸貧樂道) : 맑고 깨끗한 가난 속에서도 도를 즐기다.

예문 산속에서 단사표음하며 사는 그의 모습이 오히려 평온해 보였다.

簞	食	瓢	飲
광주리 단	밥 사	바가지 표	마실 음

◆ ◇ ◆

단사표음 簞食瓢飲

소박함은 단순히 물질적으로 부족한 삶이 아니라,
자연과 조화를 이루는 삶의 방식이다.

- 존 러스킨 (John Ruskin) -

소박함은 스스로를 불편하게 만드는 것이 아니라,
진정 필요한 것만 남기고 삶을 가볍게 하는 것입니다.

격화소양 隔靴搔癢

신발을[靴] 신고[隔] 가려운[癢] 곳을 긁는다[搔]

| 성에 차지 않거나 철저하지 못한 안타까움을 이르는 말 |

격화소양은 '신을 신고 발바닥을 긁는다'는 뜻으로, 원하는 바를 제대로 이루지 못해 답답한 상태를 비유하는 사자성어입니다.

이 말은 문제를 해결하려고 노력하지만 핵심을 제대로 짚지 못해 만족스럽지 못하거나, 필요한 것에 닿지 못하고 헛수고를 하는 상황을 표현할 때 주로 사용됩니다.

관련된 속담과 성어

속수무책(束手無策) : 손을 묶인 듯이 아무런 대책도 없다는 뜻.

사슴뿔을 만지려다 거북등만 만진다. : 원하는 것을 얻으려 했으나 엉뚱한 결과만 얻게 되는 상황.

예문 아무리 노력해도 직접 해결하지 않으면 격화소양에 불과하다

隔	靴	搔	癢
사이 뜰 격	신발 화	긁을 소	가려울 양

◆◇◆
격화소양 隔靴搔癢

문제를 해결하려면 먼저 그 문제의 본질을 알아야 한다.
표면만 보고 해결하려 하면 진정한 해결은 없다.

- 알프레드 아들러 (Alfred Adler) -

문제의 뿌리를 보지 않으면,
문제의 해결은 일시적인 착각에 불과합니다.

10
사자성어
명언 필사

용감무쌍 勇敢無雙

용감하고[勇][敢] 비교할[雙] 것이 없다[無]

| 다른 사람에 비할 데 없이 씩씩하고 두려움이 없으며 기운참 |

용감무쌍을 직역하면 '용감하고 비교할 것이 없다는 뜻'입니다.

여기서 용감(勇敢)은 견줄 만한 두려움 없이 씩씩하게 행동하는 것을, 무쌍(無雙)은 견줄 만 한 자가 없이 뛰어난 것을 뜻하는 말입니다.

즉, 이 말은 용감함이 뛰어나고 그 용기가 비교할 수 없을 정도로 탁월하다는 의미로, 용기와 결단력이 뛰어난 사람이나 행동을 표현할 때 사용됩니다.

• 관련된 성어

호연지기(浩然之氣) : 크고 강한 기운, 혹은 대담하고 두려움 없는 기백.

일기당천(一氣當天) : 한 번의 기운으로 하늘을 당할 수 있다는 뜻.

예문 원래 잘 모르는 사람이 용감무쌍하게 일에 덤벼들기 마련이다.

勇	敢	無	雙
날랠 용	감히 감	없을 무	두 쌍

◆◇◆

용감무쌍 勇敢無雙

세상에서 가장 용감한 일은,
그것을 할 수 있다는 믿음을 갖고 첫걸음을 내딛는 것이다.

- 마르틴 루터 킹 주니어 (Martin Luther King Jr) -

성공한 사람과 실패한 사람의 차이는 능력이 아니라
자신을 믿고 시작했느냐, 아니면 망설였느냐의 차이일 뿐입니다.

겸인지용 兼人之勇

여러 사람[人]의[之] 용기를[勇] 겸하다[兼]

| 혼자서 능히 몇 사람을 당해 낼만한 용기 |

겸인지용은 《좌전(左傳)》에서 유래한 것으로 알려져 있습니다.

《좌전》은 춘추전국시대의 역사적 사건을 기록한 책으로, 중국 고대의 역사와 정치에 대한 중요한 문헌 중 하나입니다.

겸인지용은 한 사람의 용기가 여러 사람을 합친 용기보다 강하다는 뜻이며, 단한 사람의 용기를 뛰어넘는 대담한 행동이나 결단을 표현할 때 사용됩니다.

• 관련된 성어 ─────────

단기지용(單騎之勇) : 혼자서 큰 용기를 발휘하여 어려운 일을 해내는 용기.

일약동천(一躍東天) : 갑자기 큰 성과를 거두거나, 빠르게 큰일을 이루는 상황.

예문 겸인지용으로 한 사람의 힘이 큰 변화를 일으켰다.

兼	人	之	勇
겸할 겸	사람 인	갈 지	날랠 용

◆◇◆

겸인지용 兼人之勇

모든 위대한 업적은 단 한 사람의 용기와 결단에서 시작된다.
그러한 용기 있는 한 사람의 행동이 결국
세상의 흐름을 바꾸고, 많은 이들에게 영감을 준다.

- 윌리엄 셰익스피어 (William Shakespeare) -

한 사람의 용기 있는 결단은 세상을 변화시키고,
그 변화의 불씨는 바로 당신일 수도 있습니다.

우후죽순 雨後竹筍

비가[雨] 온 후에[後] 솟는 죽순[竹][筍]

| 어떤 일이 한 순간에 많이 생겨남을 비유한 말 |

우후죽순은 비가 온 뒤 땅속에 숨어 있던 대나무의 죽순이 빠르게 자라나는 자연 현상에서 유래되었습니다.

동양에서 대나무는 끈기와 성장을 상징했기에, 죽순이 급격히 돋아나는 모습은 새로운 것이 갑자기 많아지는 상황을 묘사하기에 적합한 비유가 되었습니다.

오늘날 우후죽순은 짧은 시간 안에 많은 일이나 사물이 생겨나는 현상을 설명할 때 사용되며, 주로 무질서하거나 과도한 증가를 부정적으로 표현하는 경우에 자주 쓰입니다.

• 관련된 어휘

난립(亂立) : 여러 가지가 어지럽게 생겨나거나 세워짐.

난무(亂舞) : 여러 가지가 질서 없이 마구 발생하거나 움직이는 것.

예문 최근 몇 년 사이에 도시 곳곳에 카페가 우후죽순처럼 늘어났다.

雨	後	竹	筍
비 우	뒤 후	대나무 죽	죽순 순

◆◇◆
우후죽순 雨後竹筍

급하게 이루어진 일은 쉽게 사라지며,
천천히 이루어진 일은 오래 간다.

- 에픽테토스 (Epictetus) -

빠른 결과를 좇기보다, 과정을 소중히 여기며 걸어가는 것이
진정한 성공으로 가는 길임을 알아야 합니다.

아연실색 啞然失色

말이[啞] 막히고[然] 얼굴빛이[色] 사라진다[失]

| 뜻밖의 일에 얼굴빛이 변할 정도로 놀람 |

아연실색은 말을 잇지 못할 정도로 놀라거나 어이가 없어서 얼굴이 하얗게 질린 상태를 표현할 때 사용하는 사자성어입니다.

여기서 아연(啞然)은 말문이 막히고 아무 말도 할 수 없는 상태를 뜻하며, 실색 (失色)은 얼굴의 색이 변하거나 창백해지는 상태를 의미합니다.

주로 예상치 못한 충격적인 상황이나 믿을 수 없는 일을 겪었을 때 사용됩니다.

• 관련된 성어 ─────

망연자실(茫然自失) : 멍하니 정신을 잃음.

혼비백산(魂飛魄散) : 몹시 놀라 넋을 잃음을 이르는 말.

예문 갑작스러운 사고 소식에 모두가 아연실색 했다.

啞	然	失	色
벙어리 아	그러할 연	잃을 실	낯빛 색

◆◇◆

아연실색 啞然失色

놀람을 넘어서는 지혜는
예상치 못한 것에 대한 준비와 수용이다.

- 헨리 데이비드 소로 (Henry David Thoreau) -

예상치 못한 일이 찾아올 때, 그것을 두려워하지
않고 받아들이는 마음이 지혜 있는 행동입니다.

권토중래 捲土重來

흙을[土] 말아[捲] 다시[重] 온다[來]

| 어떤 일에 실패한 뒤 힘을 길러 다시 그 일을 시작함 |

권토중래는 고대 중국의 역사서인 『사기』(史記)에서 유래한 표현입니다.
항우본기에 등장한 항우가 유방과의 전투에서 패배한 후, "권토중래"라는 말로
재기를 다짐하며 나온 이야기에서 비롯되었습니다.
이 표현은 한 번의 실패 후 다시 힘을 모아 도전하는 의지를 나타냅니다.
이후 "권토중래"는 "패배 후 다시 일어나는 것"을 뜻하는 사자성어로 널리 사용
되었습니다.

• 관련된 성어와 어휘

백절불굴(百折不屈) : 백 번 꺾여도 굴하지 않는다는 뜻.

불퇴전(不退轉) : 후퇴하지 않고 끝까지 전진하는 자세를 뜻함.

예문 그는 권토중래의 정신으로 사업을 재도전하여 결국 성공을 거두었다.

捲	土	重	來
거둘 권	흙 토	거듭할 중	올 래

◆◇◆

권토중래 捲土重來

어떤 일이 끝난다고 해서 그것이 끝이 아니다.
다시 시작할 수 있는 기회일 뿐이다.

- 윈스턴 처칠 (Winston Churchill) -

어떤 일이 끝났다고 생각할 때,
그것은 또 다른 기회의 시작입니다.

15

전화위복 轉禍爲福

화가[禍] 바뀌어[轉] 복이[福] 된다[爲]

| 좋지 않은 일이 계기가 되어 오히려 좋은 일이 생김 |

전화위복의 출처는 중국의 고전 문학 중 하나인 《주역(周易)》에서 비롯되었다고 전해집니다. 《주역》에서 "화(禍)"와 "복(福)"은 대립적인 개념으로 등장하며, 그 관계를 통해 위기 상황에서 긍정적인 결과를 이끌어낼 수 있는 가능성을 제시합니다.

따라서 전화위복은 어려움이나 불행한 상황에서 오히려 긍정적인 결과나 기회를 얻을 수 있을 때 사용되는 표현입니다.

• 관련된 성어

화전위복(禍轉爲福) : 재앙이 바뀌어 오히려 복이 된다는 뜻.

반화위복(反禍爲福) : 재앙이 바뀌어 오히려 복이 된다는 뜻.

예문 개혁의 본보기로 삼는다면 이번 사태는 전화위복이 될 수 있다.

轉	禍	爲	福
구를 전	재앙 화	할 위	복 복

◆◇◆

전화위복 轉禍爲福

우리에게 쓰라린 시련처럼 보이는 것들이
종종 변장한 축복일 때가 많습니다.

- 오스카 와일드 (Oscar Wilde) -

우리에게 주어진 어려움은 때때로
축복의 또 다른 얼굴일 수 있다는 것을 기억해야 합니다.

사필귀정 事必歸正

일은[事] 반드시[必] 올바름으로[正] 돌아간다[歸]

| 모든 일은 반드시 바른길로 돌아가게 마련임 |

사필귀정은 '모든 일은 반드시 바른 길로 돌아간다'는 뜻입니다.
이는 모든 일이 올바른 방향으로 해결되거나 진실이 드러난다는 의미로, 시간이
지나면 그릇된 것이 바로잡히고 옳은 것이 승리한다는 믿음을 담고 있습니다.
이 표현은 주로 부당한 일이나 불공정한 상황에서 언젠가는 진실이 밝혀지고,
결국은 정의가 실현된다는 긍정적인 교훈을 전달할 때 사용됩니다.

관련된 성어와 어휘

사불범정(邪不犯正) : 바르지 못한 것이 바른 것을 범하지 못함.

회귀(回歸) : 원래 상태나 본래의 방향으로 돌아가는 것.

예문 사필귀정이라고, 결국 정의가 승리할 것이다.

事	必	歸	正
일 사	반드시 필	돌아갈 귀	바를 정

◆◇◆

사필귀정 事必歸正

정의는 때로 더디게 걸어가지만
그 발걸음은 멈추지 않는다.

- 마틴 루터 킹 (Martin Luther King) -

세상이 아무리 시끄럽고, 불공평해 보여도
정의는 반드시 뿌리를 깊이 내려, 진실을 바로 세울 것입니다.

17
사자성어
명언 필사

새옹지마 塞翁之馬

변방에[塞] 사는 늙은이의[翁][之] 말[馬]

| 인생의 길흉화복은 변화가 많아 예측하기 어렵다 |

옛날, 중국의 한 노인의 말이 오랑캐 땅으로 도망친 후, 마을 사람들은 그에게 위로를 보냈지만, 그는 "어찌 알겠는가?"라고 답했습니다.

그 후 말은 돌아와 새로운 말을 데려왔고, 사람들은 축하했지만 그는 여전히 "알 수 없다"고 말했습니다.

그 아들이 새 말을 타고 다치자, 마을 사람들은 불쌍해했지만, 노인은 "어찌 알겠는가?"라며 여전히 같은 말을 했습니다.

전쟁이 나자, 다리를 다친 아들은 전쟁에 가지 않게 되어 목숨을 구했습니다.

이 이야기처럼, 새옹지마는 불행과 행복은 언제든지 바뀔 수 있으며, 세상의 무상함과 변화무쌍함을 표현할 때 사용되는 말입니다.

• 관련된 성어

전화위복(轉禍爲福) : 재앙이 바뀌어 오히려 복이 된다는 뜻.

塞	翁	之	馬
변방 새	늙은이 옹	갈 지	말 마

◆◇◇

새옹지마 塞翁之馬

어떤 일도 결국에는 좋은 일이 될 것이다.
왜냐하면 나쁜 일이라도 결국
나를 성장시킬 것이기 때문이다.

- 마야 안젤루 (Maya Angelou) -

어떤 일로 인해 기뻐하거나 슬퍼할 필요는 없습니다.
그 모든 일은 자신을 더 지혜롭게 만드는 과정이기 때문입니다.

사면초가 四面楚歌

사방이[四] [面] 초나라의[楚] 노래[歌]

| 아무에게도 도움이나 지지를 받을 수 없는 고립된 상태 |

사면초가를 직역하면 '사방이 초나라의 노래'라는 뜻입니다.

사면(四面)은 사방을, 초가(楚歌)는 초나라의 노래를 의미합니다.

이 표현은 항우(項羽)가 유방(劉邦)과의 전쟁에서 포위당한 상황을 묘사한 것으로, 항우가 초나라 군사들이 적에게 포위되어 초나라의 노래가 사방에서 들려오는 상황에서 고립되고 절망적인 심정을 느꼈다는 이야기에서 비롯되었습니다.

이 표현은 도움을 받을 수 없고, 벗어날 길이 없는 절박한 처지를 표현할 때 사용됩니다.

예문 회사의 경영진은 여러 번의 실수와 경영 악화로 사면초가에 몰린 상황에서 큰 결정을 내려야 했다.

四	面	楚	歌
넉 사	낯 면	초나라 초	노래 가

◆◇◆

사면초가 四面楚歌

어려운 상황에 처했을 때,
그것이야말로 여러분의 인격을 시험하는
진정한 시험이라는 것을 알게 될 것입니다.

- 넬슨 만델라 (Nelson Mandela) -

어려운 상황은 나를 시험하는 순간이지만, 동시에
나를 성장시키는 가장 중요한 기회임을 잊지 말아야 합니다.

순망치한 脣亡齒寒

입술이[脣] 없으면[亡] 이가[齒] 시리다[寒]

| 밀접한 관계일수록 하나가 망하면 다른 하나도 온전하기 어려움 |

순망치한은 '입술이 없으면 이가 시리다'는 뜻으로, 서로 밀접한 관계에 있는 두 대상이 하나가 없어지면 다른 하나도 영향을 받아 어려워진다는 의미입니다.
이 표현은 서로 의존적인 관계에 있을 때, 한 쪽의 문제로 인해 다른 쪽도 어려움을 겪게 되는 상황을 표현할 때 사용됩니다.

• 관련된 성어 ──────

순치보거(脣齒輔車) : 서로 없어서는 안 될 깊은 관계를 이르는 말.

보거상의(輔車相依) : 서로 없어서는 안 될 깊은 관계를 이르는 말.

예문 우리가 순망치한의 관계였기에, 하나가 망하면 다른 하나도 온전할 수 없다.

脣	亡	齒	寒
입술 순	잃을 망	이 치	찰 한

◆◇◇

순망치한 脣亡齒寒

나무는 홀로 자랄 수 없다.
숲은 모든 나무가 뿌리로 연결되어
서로를 지탱하며 함께 성장한다.

- 로빈 월 키머러(Robin Wall Kimmerer) -

공동체로 살아간다는 것은 서로 함께 뿌리를 내리고,
서로를 지탱하며 함께 성장하는 것임을 알아야 합니다.

적토성산 積土成山

흙을[土] 쌓아[積] 산을[山] 이룬다[成]

| 작은 것이나 적은 것도 쌓이면 크게 되거나 많아짐 |

적토성산은 중국 고전 『후한서』에서 유래한 사자성어로, 흙을 쌓아서 산을 이룬다는 비유에서 나온 말입니다.

이 표현은 작은 일들이 반복적으로 쌓여 큰 성과를 이룬다는 뜻을 가지고 있습니다.

어떤 일이든 처음엔 작고 보잘것없어 보일지라도, 꾸준히 쌓아 가면 결국 큰 결실을 맺을 수 있음을 표현할 때 사용할 수 있습니다.

• **관련된 성어와 속담**

바늘 도둑이 소 도둑 된다 : 작은 잘못이 반복되면 큰 잘못으로 이어질 수 있다는 뜻.

티끌 모아 태산 : 작은 티끌이 모여 큰 산을 이룬다.

적수성연(積水成淵) : 작은 물방울들이 모여 큰 연못을 이룬다는 뜻.

예문 저축은 적은 돈이라도 꾸준히 해야 적토성산의 효과를 볼 수 있다.

積	土	成	山
쌓을 적	흙 토	이룰 성	메 산

적토성산 積土成山

크게 성장하려면, 작은 습관을 쌓아야 한다.
한 번의 거대한 변화는 없다.
대신, 매일의 작은 노력이 결국 큰 변화를 만든다.

- 앤디 그로브 (Andy Grove) -

우리가 원하는 목표를 이루기 위한 첫 걸음은
바로 지금 이 순간에 시작되는 작은 습관입니다.

21
사자성어
명언 필사

설상가상 雪上加霜

눈[雪] 위에[上] 서리까지[霜] 더하다[加]

| 어려운 일이나 불행이 겹쳐서 일어남 |

설상가상은 『사기(史記)』의 항우본기(項羽本紀)에서 유래한 말입니다.
항우가 적을 물리친 후, 많은 이득을 보고 있던 상황에서 불행히도 여러 가지 불운에 시달리게 되면서 상황이 더욱 악화되는 과정을 묘사하고 있습니다.
이처럼 설상가상은 이미 어려운 상황에 놓여 있는 사람에게 더욱 큰 어려움이 겹쳐 어려워지는 상황을 표현할 때 사용하게 됩니다.

• 관련된 속담

엎친 데 덮친 격 : 어려운 상황에 더 큰 어려움이 겹쳐서 더 악화된다는 뜻.
재수 없는 놈은 뒤로 자빠져도 코가 깨진다 : 불운한 사람은 아무리 상황이 좋아도 결국에는 일이 잘못된다는 뜻.

예문 설상가상이라더니 어쩌면 이렇게 일이 꼬이는지 모르겠다.

雪	上	加	霜
눈 설	윗 상	더할 가	서리 상

◆◇◇

설상가상 雪上加霜

불행이 겹쳐올 때, 그 순간에 포기하지 않고
꾸준히 나아가면 결국 그 고통이
나를 더 강하게 만든다는 것을 깨닫게 된다.

- 프리드리히 니체 (Friedrich Nietzsche) -

흔들릴 때마다 자신을 믿고 꾸준히 나아가세요.
그 일관된 마음은 진정한 자기성장을 이끌어 냅니다.

금석지감 今昔之感

지금과[今] 예전의[昔][之] 감정[感]

| 지금과 옛날의 차이가 너무 심한 것을 보고 느끼는 감정 |

금석지감은 지금과 옛날의 차이를 비교하여 느끼는 감정입니다.
금석(今昔)은 현재의 것과 과거의 것을, 지감(之感)은 느끼는 감정을 의미합니다.
시간을 두고 변화된 세상이나 상황을 바라볼 때 느끼는 감정이나, 과거와 현재를 비교했을 때의 놀라움, 혹은 그 차이에 대한 깊은 인식을 표현할 때 사용합니다.

• 관련된 성어 ─────

격세지감(隔世之感) : 다른 세대를 만난 것처럼 몹시 달라진 느낌.

세월유수(歲月流水) : 세월이 물처럼 흐른다는 뜻.

감구지회(感舊之懷) : 지난 일을 생각하는 마음.

예문 세월이 흐르면서 도시의 모습이 너무 달라져 금석지감을 느낀다.

今	昔	之	感
지금 금	옛 석	갈 지	느낄 감

◆○◆
금석지감 今昔之感

변화는 우리가 두려워하는 것이 아니라,
그 변화 속에서 우리 자신을 잃을까 두려운 것이다.

- 마르쿠스 아우렐리우스 (Marcus Aurelius) -

변화는 두렵지 않습니다. 우리가 두려워하는 건,
본래 자신의 모습을 잃고 있다는 것이 두려운 것입니다.

수서양단 首鼠兩端

머리를[首] 내밀고 양쪽[兩] 끝에[端] 있는 쥐[鼠]

| 어느 쪽으로 결정짓지 못하고 망설이는 상태 |

수서양단은 쥐가 머리를 앞에 두고 두 갈래 길을 망설이는 모습을 비유한 표현으로, 두 가지 선택을 놓고 갈팡질팡하는 상황을 의미합니다.

즉, 결정을 내리지 못하고 망설이는 상태나 어떤 일을 선택해야 할지 고민하며 한쪽으로 결단을 내리지 못하는 상황에서 표현되는 말입니다.

• 관련된 성어

진퇴양난(進退兩難) : 나아갈 수도, 물러날 수도 없는 상황.

동요불정(動搖不定) : 마음이 흔들리고 결정을 내리지 못하는 상태.

우유부단(優柔不斷) : 결단을 내리지 못하고 망설이거나 주저하는 상태.

예문 그 사람은 취업을 할지 유학을 갈지 수서양단 상태에 있다.

首	鼠	兩	端
머리 수	쥐 서	두 양	끝 단

◆ ◇ ◆

수서양단 首鼠兩端

갈림길에 서서 양쪽 길을 모두 탐하는 마음은
결국 아무 길도 걷지 못하게 한다.
길이 험하더라도 용기 있게 선택한 길을 걸으며,
그 과정에서 배우고 성장해야 한다.

- 랄프 왈도 에머슨 (Ralph Waldo Emerson) -

진정한 변화는 그저 바라보는 것이 아니라,
그 길을 선택하고, 배우며 성장하는 과정에서 이루어집니다.

누란지위 累卵之危

쌓아[累] 올린 알의[卵][之] 위태로움[危]

| 매우 위태롭고 아슬아슬한 위기를 비유한 말 |

누란지위는 고대 중국 전국시대의 제나라와 연나라의 관계에서 연나라가 제나라를 공격하는 상황을 설명할 때 사용되었습니다.

여러 개의 알을 쌓아 놓은 것처럼, 연나라의 형세가 매우 불안정하고 위태롭다는 의미로 사용되었습니다.

이처럼 누란지위는 어떤 일이 매우 위태롭고, 한 순간의 부주의로 큰 재앙을 초래할 수 있는 위험한 상태를 표현할 때 사용합니다.

• 한자의 발견

危(위) : 사람이 벼랑 위에 위태롭게 서 있는 모양을 본떠 '위태롭다', '불안하다'라는 뜻을 가진 글자가 되었습니다.

예문 정부의 부실한 정책으로 인해 경제는 누란지위에 놓여 있다.

累	卵	之	危
포갤 누	알 란	갈 지	위태할 위

◆◇◆
누란지위 累卵之危

위험을 무릅쓰지 않는 자는 큰 성취를 얻을 수 없다.
그러나 지나친 위험은 자신을 파멸로 이끈다.

- 알프레드 아들러(Alfred Adler) -

작은 실수도 큰 위험을 불러올 수 있습니다.
신중함이 결국 자신의 안전을 지키는 길입니다.

확고부동 確固不動

확실하고[確] 군건하여[固] 움직이지[動] 않음[不]

| 태도나 결심 따위가 굳어져 흔들림이나 변화가 없음 |

확고부동은 '확실하고 군건하여 흔들림이 없다'는 뜻으로, 어떤 사람이나 상태가 흔들리지 않고 변하지 않는 강한 의지나 자세를 의미합니다.

비슷한 말로 요지부동(搖之不動)이 있는데 이 말은 흔들리지 않는 의미는 같으나, 고집이 센 것을 의미 하며, 확고부동은 신념이 강한 것을 의미합니다.

• 관련된 성어

불요불급(不搖不急) : 상황에 흔들림 없이 침착하게 대처하는 태도.

불변불동(不變不動) : 일정한 신념이나 태도를 유지하는 것을 뜻

요지부동(搖之不動) : 흔들어도 꼼짝하지 않음.

예문 그는 확고부동한 태도로 자신의 의견을 고수했다.

確	固	不	動
굳을 확	굳을 고	아닐 부	움직일 동

◆◇◆

확고부동 確固不動

살면서 가장 큰 영광은 결코 넘어지지 않는 것이 아니라,
넘어질 때마다 다시 일어나는 데 있다

- 넬슨 만델라 (Nelson Mandela) -

진정으로 강하다는 것은 넘어지지 않는 것이 아니라,
넘어질 때마다 다시 일어나는 용기에 있습니다.

백척간두 百尺竿頭

백[百] 자나[尺] 되는 장대[竿] 위의 끝[頭]

| 더할 수 없이 어렵고 위태로운 지경을 이르는 말 |

백척간두를 직역하면 '백 자 되는 장대 기둥 끝'이라는 뜻입니다.
이는 대나무 기둥이 100척(약 30미터)이나 되는 높이에 올라간 상태를 의미하며, 매우 위험한 상황이나 위태로운 순간을 의미합니다.
이 표현은 대개 어려운 상황에서 한 순간 잘못하면 큰 위험에 빠질 수 있는 상황을 표현할 때 사용합니다.

• 한자 어휘의 발견

尺(척) : 갑골문자를 보면 사람의 다리에 획이 하나 그어져 있는데 이것은 발만큼의 길이를 표현한 것으로 '자', '길이'라는 뜻을 가진 글자이다.

지척(咫尺) : 아주 가까운 거리를 말함.

예문 마지막 시험을 앞두고, 백척간두에 서 있는 마음으로 준비하고 있다.

百	尺	竿	頭
일백 백	자 척	장대 간	머리 두

◆◇◆
백척간두 百尺竿頭

설사 신념이 있다 해도 달성할 수 있는 일은 극히 소수일 뿐이다.
그러나 신념이 없다면 아무런 일도 달성할 수 없다.

- 사무엘 버틀러 (Samuel Butler) -

신념이 있는 자만이 길을 만들 수 있습니다.
그 길이 멀고 좁을지라도, 신념 없이는 한 걸음도 내딛을 수 없습니다.

약육강식 弱肉强食

약한[弱] 자는 먹히고[肉] 강한[强] 자가 먹는다[食]

| 약한 자는 강한 자에게 지배됨을 비유적으로 이르는 말 |

약육강식은 '약한 자는 강한 자에게 먹힌다'는 뜻으로, 자연에서는 일리가 있지만, 인간 사회에서는 도덕적, 윤리적으로 비판받을 수 있습니다.

인간은 단순한 경쟁자일 뿐만 아니라 이성적이고 도덕적인 존재로, 사회적 책임과 공정성을 중시하는 윤리적 요구가 있습니다.

따라서 약육강식을 정당화하거나 그대로 적용하는 것은 도덕적 비판을 받을 수 있습니다.

• 관련된 성어

적자생존(適者生存) : 영국의 철학자 스펜서가 주장한 것으로 환경에 적응하는 생물만이 살아남고, 그렇지 못한 것은 도태되어 사라지는 현상을 말한다.

예문 경제는 약육강식의 법칙에 따라 강한 기업만이 살아남는다.

弱	肉	强	食
약할 약	고기 육	굳셀 강	먹을 식

◆◇◆

약육강식 弱肉强食

생물 종 중에서 가장 강한 자가 살아남는 것이 아니며,
가장 지적인 자가 살아남는 것도 아니며,
변화에 가장 잘 적응한 자가 살아남는다.

- 찰스 다윈 (Charles Darwin) -

변화는 끊임없이 우리를 시험하고 도전하게 합니다.
그 변화를 따라갈 수 있는 자만이 오늘을 살아갈 수 있습니다.

진퇴양난 進退兩難

나아가기도[進] 물러나기도[退] 둘 다[兩] 어렵다[難]

| 이러지도 못하고 저러지도 못하는 매우 어려운 상태 |

나아갈 수도 없고 물러설 수도 없는 두 가지 어려움을 뜻합니다. 이는 어떤 상황에서든 선택지가 모두 곤란하거나 불리한 상황을 표현하는 말입니다.

즉, 어느 방향으로도 결정을 내리기 어렵고, 딜레마에 빠진 상황에서 자주 표현됩니다.

우리 속담에도 두 가지 모두 선택하기 어려운 상황을 의미하는 "양쪽 손에 떡을 쥐고 있다"는 말이 있습니다.

• 관련된 성어

진퇴유곡(進退維谷) : 나아갈 수도 물러설 수도 없는 궁지에 몰림.

진퇴무로(進退無路) : 이러지도 못하고 저러지도 못하는 매우 곤란한 상태.

예문 나는 이럴 수도 없고 저럴 수도 없는 진퇴양난의 길에 빠졌다.

進	退	兩	難
나아갈 진	물러날 퇴	두 량	어려울 난

◆◇◆

진퇴양난 進退兩難

인생은 결코 안전한 길과
흥미로운 길 중 하나를 고르는 것이 아니라,
흥미로운 길을 안전하게 만드는 것이다.

- 파울로 코엘료 (Paulo Coelho) -

인생의 길은 위험을 피하는 것이 아니라,
그 위험 속에서 나만의 안전한 길을 만들어가는 여정입니다.

일촉즉발 一觸卽發

한 번[一] 닿기만[觸] 해도 곧[卽] 폭발[發] 한다

| 조금만 건드려도 곧 폭발할 것 같은 몹시 위험한 상태 |

말 그대로 '한 번의 접촉이 즉시 폭발을 일으킨다'는 뜻으로, 긴장된 상태나 위기 상황에서 매우 민감하게 반응할 수 있는 상태를 말합니다.

이 표현은 사람이나 상황이 매우 예민하게 맞물려 있어, 작은 자극이나 변화가 큰 충격이나 갈등을 일으킬 수 있음을 뜻합니다.

보통 정치적, 사회적 갈등이나 개인적인 감정의 폭발이 일어날 때 사용되며, 불안정하거나 위태로운 상황에서 종종 표현합니다.

• 관련된 성어

풍전등화(風前燈火) : 바람 앞의 등불이라는 뜻으로, 매우 위태롭고 위험한 상황.

위기일발(危機一發) : 여유가 조금도 없이 아슬아슬하게 닥친 위기의 순간.

예문 폭풍우가 몰려오며 항구는 일촉즉발의 긴장 상태가 되었다.

一	觸	卽	發
한 일	닿을 촉	곧 즉	필 발

◆ ○ ◇

일촉즉발 一觸即發

세상은 해를 끼치는 사람들 때문에 위험한 것이 아니라
아무것도 하지 않고 바라만 보는 사람들 때문에 위험하다.

- 알버트 아인슈타인 (Albert Einstein) -

행동 없는 관조는 무책임에 가깝습니다.
세상의 변화는 그것에 맞서 행동하는 자에게서 비롯됩니다.

우공이산 愚公移山

어리석은[愚] 노인이[公] 산을[山] 옮긴다[移]

| 어떤 일이든 꾸준하게 열심히 하면 반드시 이룰 수 있음 |

'어리석은 노인이 산을 옮긴다'는 뜻으로, 불가능해 보이는 일을 끈기 있게 계속해서 시도하는 정신을 표현할 때 사용되는 말입니다.

우공이산은 노인이 두 개의 큰 산을 옮기기로 결심하고, 아들, 손자와 함께 매일 조금씩 산을 파기 시작한다는 이야기에서 유래합니다.

처음에는 그가 산을 옮길 수 있을지 의문이었지만, 그의 끈질긴 노력은 결국 신에게 감동을 주어 산을 옮기는 기적을 일으킨다고 합니다.

• 관련된 성어와 속담

　　수주대토(守株待兎) : 한 가지 일에만 얽매여 발전을 모르는 어리석은 사람을 비유한 말.

　　천 리 길도 한 걸음부터 : 무슨 일이나 그 일의 시작이 중요하다는 말.

예문 나는 우공이산을 좌우명 삼아 묵묵히 일한다.

愚	公	移	山
어리석을 우	공평할 공	옮길 이	메 산

◆◇◆

우공이산 愚公移山

비록 길고 힘든 길일지라도,
포기하지 않고 걸어가면 반드시 도달할 수 있다.

- 헨리 데이비드 소로 (Henry David Thoreau) -

길고 힘든 여정일지라도, 포기하지 않는 마음이
결국 당신이 원하는 곳으로 이끌어 줄 것입니다.

마부위침 磨斧爲針

도끼를[斧] 갈아[磨] 바늘을[針] 만든다[爲]

| 어려운 일이라도 끊임없이 노력하면 반드시 이룰 수 있음 |

마부위침은 당나라 시인 이백(李白)이 학문을 포기하려던 순간, 도끼를 갈아 바늘을 만들고자 했던 한 노파를 보고 깊이 깨달아 학문에 정진했다는 일화에서 유래하였습니다.

즉, 도끼를 갈아 바늘을 만든다는 뜻으로, 아무리 어려운 일이라도 끈기와 노력으로 반드시 이루어낼 수 있음을 표현할 때 사용합니다.

• 관련된 성어와 속담

우공이산(愚公移山) : 끈질긴 노력으로 결국 큰일을 이룬다는 뜻.

수적천석(水滴穿石) : 작은 노력도 꾸준히 하면 큰 성과를 얻을 수 있음을 비유.

공든 탑이 무너지랴 : 노력과 정성을 다하면 그 결과는 흔들리지 않는다는 속담.

예문 그는 마부위침의 끈기로 공부하여 마침내 시험에 합격했다.

磨	斧	爲	針
갈 마	도끼 부	할 위	바늘 침

◆◇◆

마부위침 磨斧爲針

어떠한 상황에서도 포기하지 말라.
언젠가 당신이 흘린 땀과 노력은 빛을 발하고,
불가능해 보였던 목표가 당신의 눈앞에 실현될 것이다.

- 루스벨트 (Roosevelt) -

한 번의 실패나 작은 좌절이 우리를 정의하지 않습니다.
대신, 그 모든 과정은 우리가 성장하고, 강해지는 밑거름이 됩니다.

혹세무민 惑世誣民

세상을[世] 미혹하고[惑] 백성을[民] 속이다[誣]

| 세상 사람들을 속여 정신을 홀리고 세상을 어지럽힘 |

혹세무민을 직역하면 '세상을 어지럽히고 사람들을 속인다'는 뜻입니다.
주로 거짓말이나 잘못된 주장으로 대중을 현혹하고 혼란스럽게 만드는 행위를
비판할 때 사용됩니다.
이 표현은 현대에서도 잘못된 정보나 선동으로 사회를 혼란에 빠뜨리는 상황을
비판할 때 자주 사용됩니다. 일반적으로 사이비 종교 집단이나 가짜뉴스, 음모
론 등을 말할 수 있습니다.

• 관련된 성어

교언영색(巧言令色) : 교묘한 말과 얼굴빛으로 다른 사람을 속이려는 행동.

유언비어(流言蜚語) : 거짓말이나 소문이 퍼져 사람들을 현혹시키는 것.

예문 가짜 뉴스가 퍼지면서 혹세무민의 폐해가 점점 심각해지고 있다.

惑	世	誣	民
미혹할 혹	세상 세	무고할 무	백성 민

◆◇◆

혹세무민 惑世誣民

사람들은 고통스러운 진실보다는
그들을 위로해주는 거짓말을 더 믿고 싶어 한다.

- 소포클레스 (Sophocles) -

진실은 때때로 고통스럽고 아프지만,
거짓은 순간의 위로만을 선사할 뿐입니다.

적반하장 賊反荷杖

도둑이[賊] 되려[反] 매를[杖] 든다[荷]

| 잘못한 사람이 아무 잘못이 없는 사람을 도리어 나무람 |

적반하장은 자기 잘못을 감추려거나 남에게 떠넘기려는 행동을 비판할 때 사용하는 표현으로, 도덕적 또는 사회적 부정의를 나타내는 상황에서 자주 등장합니다.
즉, 자신이 잘못했음에도 불구하고 책임을 남에게 전가하거나 도리어 공격하는 행동을 표현할 때 사용됩니다.

• 관련된 속담

똥 묻은 개가 겨 묻은 개 나무란다 : 자신이 잘못한 일을 비난하며, 도리어 다른 사람을 비난하거나 탓하는 상황.

뒷간 기둥이 물방앗간 기둥을 더럽다 한다 : 자기 자신이 더러운 상태임에도 불구하고, 다른 사람이나 다른 것을 비난하는 행동.

예문 잘못한 사람이 먼저 사과해야지, 적반하장으로 나오면 대화가 안 된다.

賊	反	荷	杖
도둑 적	돌이킬 반	꾸짖을 하	지팡이 장

◆◇◆
적반하장 賊反荷杖

자기 잘못을 인정하지 않고 다른 사람을 비난하는 것은,
마치 손톱에 먼지가 묻어 놓고
남의 손톱을 나무라는 것과 같다.

- 마르쿠스 아우렐리우스 (Marcus Aurelius) -

자기 자신의 결점을 보지 않고 남을 탓하는 것은,
마치 자신의 잘못을 다른 사람에게 떠넘기는 것과 같습니다.

수적천석 水滴穿石

물방울이[水] [滴] 바위를[石] 뚫는다[穿]

| 작은 노력이라도 끈기 있게 꾸준히 하면 큰일을 이룰 수 있음 |

수적천석을 직역하면 '물방울이 바위를 뚫는다'는 뜻입니다.
《후한서》(後漢書)에 보면 한 노인이 바위에 물방울을 떨어뜨려 구멍을 뚫은 것을 보고, 그 꾸준한 노력에 감동한 사람이 이 말을 남겼다는 내용에서 유래 되었습니다.
이 말은 어려운 목표를 향해 나아가고 있는 사람에게 인내와 지속적인 노력이 중요함을 상기시키기 위해 표현할 수 있습니다.

• **한자의 발견**

石(석) : 갑골문자를 보면 벼랑 끝에 매달려 있는 돌덩이가 그려져 있으며, '돌', '용량', '단위'로 쓰이는 글자이다.

예문 한 번의 실수로 끝내지 말고, 수적천석처럼 계속해서 도전해 보라.

水	滴	穿	石
물 수	물방울 적	뚫을 천	돌 석

◆◇◆

수적천석 水滴穿石

큰 산을 넘으려면 작은 발걸음부터 시작해야 한다.
한 번에 할 수 없더라도, 계속해서 나아간다면
결국 그 목표를 이룰 수 있을 것이다.

- 콘래드 힐튼 (Conrad Hilton) -

목표를 향한 여정은 때로 힘들고 지칠 수 있지만,
우리가 성장하고, 진정한 성취를 느낄 수 있는 과정이기도 합니다.

분골쇄신 粉骨碎身

뼈를[骨] 빻고[粉] 몸을[身] 부순다[碎]

| 자기 몸을 돌보지 않고 지극한 정성으로 있는 힘을 다한다 |

분골쇄신은 『사기』(史記)에 등장하는 표현으로, 한나라의 명장 왕망이 자신의 목표를 달성하기 위해 몸을 던지고 전력을 다해 싸우는 모습을 묘사할 때 사용되었습니다.

즉, 뼈를 가루로 만들고 몸을 부서뜨린다는 뜻으로, 어떤 일을 이루기 위해 극도로 힘을 다해 노력하는 모습을 나타냅니다.

이 말은 대개 어떤 목표나 사명에 헌신적으로 임하는 사람의 노력을 표현할 때 사용합니다.

• 관련된 어휘

분골(粉骨) : 뼈가 가루가 되는 것을 의미.

쇄신(碎身) : 몸이 부서지는 것을 의미.

예문 그는 성공을 위해 분골쇄신하며 끊임없이 노력했다.

粉	骨	碎	身
가루 분	뼈 골	부술 쇄	몸 신

◆◇◆
분골쇄신 粉骨碎身

노력과 희생 없이는 진정한 성취도 없다.
당신의 한계를 넘어서는 순간, 변화는 시작된다.

- 마하트마 간디 (Mahatma Gandhi) -

자신의 한계를 두려워하지 마세요.
성공은 당신의 땀과 용기로만 이루어질 수 있습니다.

일사불란 一絲不亂

한 올의[一] 실도[絲] 엉키지[亂] 아니함[不]

| 질서가 잘 잡혀 조금도 흐트러지거나 어지러운 데가 없다 |

일사불란은 '한 가닥의 실조차 흐트러지지 않는다'는 뜻으로, 매우 질서 정연하고 흐트러짐 없이 정돈된 상태를 의미합니다.

이 말은 조직, 행동, 계획 등이 매우 체계적이고 질서 있게 이루어질 때나, 혼란 없이 하나로 잘 정리된 상태나 일을 추진함에 있어 빈틈이 없음을 표현할 때 사용합니다.

• 관련된 성어

질서정연(秩序整然) : 체계와 순서가 잘 잡혀 있음.

무법천지(無法天地) : 법이나 제도가 확립되지 않고 질서가 문란한 세상.

사분오열(四分伍裂) : 질서 없이 어지럽게 여러 갈래로 분열함.

예문 대규모 행사가 일사불란하게 진행되었다.

一	絲	不	亂
한 일	실 사	아니 불	어지러울 란

◆◇◆

일사불란 一絲不亂

잘못된 방향으로 열심히 가는 것보다는,
제대로 된 방향으로 차분히 가는 것이 중요하다

- 웨인 다이어 (Wayne Dyer) -

잘못된 길을 가는 것보다는 조금 더 늦더라도
올바른 길을 선택하는 것이 훨씬 더 중요합니다.

대의명분 大義名分

크고[大] 올바른[義] 일과[名] 본분[分]

| 사람으로서 마땅히 지켜야 할 도리와 본분 |

대의명분은 정당하고 중요한 이유나 목적을 의미합니다.

구체적으로, 어떤 일이 옳고 정당한 이유에 의해 이루어져야 할 때 사용되며, 큰 의리와 정의로운 목적에 따른 행동을 강조하는 말입니다.

'대의(大義)'는 큰 의리 또는 정의로운 목적을 뜻하고, '명분(名分)'은 그에 대한 정당성이나 이유를 의미합니다.

대의명분은 보통 정당성을 주장하거나 사회적, 정치적 행동을 정당화할 때 사용됩니다.

예를 들어, 사회의 부조리나 불합리를 고치기 위해 행동하는 사람들이 자신의 행동이 대의명분에 따른 것임을 주장할 때 사용됩니다.

예문 그들은 대의명분을 내세워 국가를 변화시키기 위한 큰 결단을 내렸다.

大	義	名	分
큰 대	옳을 의	이름 명	나눌 분

◆◇◆

대의명분 大義名分

우리는 모두 공동체를 위해 존재하며,
그 공동체를 위한 일을 할 때 진정한 의미가 있다.

- 존 F. 케네디 (John F. Kennedy) -

공동체를 위해 일하는 것은 때로 큰 희생을 요구할 수도 있습니다.
행복은 내가 받는 것이 아니라, 내가 준 것에서 비롯되기 때문입니다.

전대미문 前代未聞

이전[前] 시대에[代] 들어본[聞] 적이 없다[未]

| 전례가 없는 아주 놀랍고 획기적인 일을 이르는 말 |

전대미문은 '이전 시대에 들어본 적이 없는' 또는 '그 누구도 전에 들어본 적이 없는'이라는 뜻입니다.

이 표현은 주로 전례가 없거나 아주 드물고 특별한 사건이나 일이 발생했을 때 사용됩니다.

예를 들어, 새로운 혁명적인 사건이나 기술 혁신, 예상치 못한 일 등이 발생했을 때나, 어떤 일이 매우 특별하거나 이전에 경험한 적이 없는 상황을 묘사할 때 사용됩니다.

• **관련된 성어**

전무후무(前無後無) : 전에도 없었고 앞으로도 없음.

사상초유(史上初有) : 역사상 처음으로 존재하는 것이라는 뜻.

예문 이번 대회의 승리는 전대미문이었고, 많은 이들이 그 가능성을 믿지 못했다.

前	代	未	聞
앞 전	시대 대	아닐 미	들을 문

◆ ◇ ◆

전대미문 前代未聞

길이 있는 곳으로 가지 말고,
길이 없는 곳으로 가서 흔적을 남겨라.

- 랄프 왈도 에머슨 (Ralph Waldo Emerson) -

길이 없는 곳으로 가서, 자신의 흔적을 남기는 것은
나만의 새로운 세상을 열어가는 일입니다.

39
사자성어
명언 필사

죽마고우 竹馬故友

대나무[竹] 말을[馬] 타고 놀던 옛[故] 친구[友]

| 어릴 때부터 같이 놀며 자란 친한 벗을 이르는 말 |

죽마고우는 '어린 시절 대나무 말을 타고 함께 놀던 옛 친구'라는 뜻입니다.
이 표현은 어린 시절부터 함께 자란 오랜 친구나 친숙하고 깊은 우정을 나눈 사람을 지칭하는 말로 사용됩니다.
'죽마(竹馬)'는 대나무로 만든 말(말 모양의 장난감)을 타고 놀던 어린 시절의 기억을 상징하며, '고우(故友)'는 옛 친구를 뜻합니다.

• 관련된 성어 ─────

문경지교(刎頸之交) : 사를 같이할 수 있는 아주 가까운 사이.

동고동락(同苦同樂) : 괴로움도 즐거움도 함께 함.

죽마고우(竹馬故友) : 어렸을 때부터 같이 놀며 친하게 지내 온 벗.

예문 그와 나는 죽마고우라, 어릴 때부터 늘 함께했던 친구다.

竹	馬	故	友
대나무 죽	말 마	연고 고	벗 우

◆◇◆
죽마고우 竹馬故友

진정한 친구란 아무리 안 좋은 일이 있어도
기분을 좋게 만들어 주는 사람입니다.
그들은 말 한마디나 간단한 몸짓만으로도
나쁜 하루를 좋은 하루로 바꿀 수 있습니다.

- 랄프 왈도 에머슨 (Ralph Waldo Emerson) -

진정한 친구란 상처를 어루만지며,
말 한마디로 힘든 하루를 기쁨으로 바꿔 주는 존재입니다.

양약고구 良藥苦口

좋은[良] 약은[藥] 입에[口] 쓰다[苦]

| 좋은 충고는 비록 귀에 거슬리나 자신에게 이롭다는 말 |

양약고구를 직역하면 '좋은 약은 입에 쓰다는 뜻'으로, 진리나 좋은 조언은 때로는 고통스럽고 받아들이기 어려울 수 있지만, 결국 그것이 나에게 유익하다는 의미입니다.
양약고구는 누군가가 고통스러운 진실을 말하거나, 쓴 소리를 해야 할 때 이 표현을 사용할 수 있습니다.

• 한자 어휘의 발견

藥(약) : '약'이나 '약초'라는 뜻을 가진 글자이며 몸이 아픈 것은 분명 즐겁지 못한 상태에 약초를 먹고 다시 즐거운 상태로 돌아간다는 의미를 표현하고 있다.

약초(藥草) : 약으로 쓰는 식물.

예문 양약고구처럼, 때로는 힘든 조언이 나를 성장시킨다.

良	藥	苦	口
좋을 양	약 약	쓸 고	입 구

◆◇◆

양약고구 良藥苦口

불편한 진실을 마주하는 것은 고통스럽지만,
그것을 직시함으로써 우리는 성장한다.

- 안젤라 더크워스 (Angela Duckworth) -

불편한 진실을 직시하는 것은 어려운 일이지만,
불편한 진실을 받아들이는 용기는 성장할 수 있는 지혜가 됩니다.

단금지교 斷金之交

쇠를[金] 끊을[斷] 수 있는[之] 사귐[交]

| 친구 사이의 매우 두터운 우정 |

단금지교는 동한(東漢)의 왕윤(王允)과 여몽(呂蒙)의 일화에서 유래합니다.
왕윤과 여몽은 매우 가까운 친구였으며, 한 번은 여몽이 왕윤의 집에서 격렬한
싸움을 벌였고, 그 결과 왕윤은 쇠로 만든 금속을 끊는 것처럼 둘의 우정이 끊어
지게 될 정도의 갈등에 휘말렸습니다.
그러나 시간이 흐르고 서로의 진심을 이해하게 되면서, 그들은 다시 서로의 소
중한 친구로 남았습니다.
단금지교는 강한 금속을 끊을 정도로 강하고 끊을 수 없는 관계를 형성한 친구
사이를 표현한 것입니다.

• **한자의 발견**

金(금) : '금속'이나 '화폐'라는 뜻을 가진 글자로 예전에는 금, 은, 동, 석, 철과 같은
다섯 가지 금속을 칭했지만 이후 다양한 금속이 발견되면서 지금은 금속을 통칭하게
되었다.

斷	金	之	交
끊을 단	쇠 금	갈 지	사귈 교

◆◇◆
단금지교 斷金之交

우정이란 단순히 좋은 시절을 나누는 것이 아니라,
어려운 순간을 함께 견디고, 서로를 지지하는 것이다.
진정한 친구는 나의 아픔을 이해하고
나와 함께 그 아픔을 견뎌내며 성장한다.

- 엘리자베스 퀸시 (Elizabeth Quincy) -

진정한 우정은 단지 기쁜 순간을 나누는 것이 아니라,
서로의 아픔을 이해하고 함께 견뎌내며 성장하는 것입니다.

비몽사몽 非夢似夢

꿈은[夢] 아니지만[非] 꿈과[夢] 같은[似] 상태

| 잠이 들지도 깨어나지도 않아 정신이 어렴풋한 상태|

비몽사몽은 직역하면 '꿈은 아니지만 꿈과 같은 상태'를 뜻합니다.
이 표현은 꿈과 현실의 경계가 모호한 상태, 또는 의식이 명확하지 않은 혼미한
상황을 묘사할 때 사용됩니다.
예를 들어, 꿈인지 현실인지 분간하기 어려운 상태나 정신이 흐릿하고 현실감이
떨어질 때 또는 뚜렷한 의식 없이 무언가에 휩쓸려가는 느낌을 표현할 때 사용
합니다.

• 관련된 성어

여몽사몽(如夢似夢) : 마치 꿈처럼 현실감이 없는 상태.

몽중몽(夢中夢) : 꿈 안에서 또 꿈을 꾸는 상태.

혼몽미명(昏蒙未明) : 어둡고 몽롱하여 분명하지 않은 상태.

예문 그는 알람 소리에 눈을 떴지만, 여전히 비몽사몽이었다.

非	夢	似	夢
아닐 비	꿈 몽	닮을 사	꿈 몽

비몽사몽 非夢似夢

이 세상 자체가 환영이고,
우리는 그 환영 속에서 한낱 행인일 뿐이다.

- 칼릴 지브란 (Kahlil Gibran) -

세상은 덧없는 그림자 같아도,
그 속에서 빛을 찾는 건 우리의 몫입니다.

각고면려 刻苦勉勵

어려움을[苦] 새겨[刻] 힘쓰고[勉] 노력하다[勵]

| 온갖 고생을 견뎌 내며 부지런히 노력함 |

고통을 새기고, 고된 노력을 기울이며, 더욱 힘써 노력한다는 의미로, 어려운 상황이나 힘든 과정을 겪으면서도 끊임없이 노력하는 자세를 나타냅니다.
각고(刻苦)는 고통스럽고 어려운 상황을 참고 견딘다는 뜻과 면려(勉勵)는 힘써 애쓰고, 노력을 다한다는 뜻을 가지고 있습니다.
이 표현은 목표를 향해 끊임없이 노력하며, 어려움을 극복해 나가는 태도를 격려하고 칭찬할 때 적합한 표현입니다.

• 관련된 성어와 속담

백절불굴(百折不屈) : 백 번 꺾여도 굴하지 않는다.

고생 끝에 낙이 온다 : 고생이 끝나면 좋은 일이 생긴다는 의미.

예문 그는 어려운 환경 속에서도 각고면려하여 마침내 꿈을 이뤘다.

刻	苦	勉	勵
새길 각	쓸 고	힘쓸 면	힘쓸 려

◆◇◆

각고면려 刻苦勉勵

성공한 사람과 그렇지 않은 사람의 차이는
힘의 부족이나 지식의 부족이 아니라
의지의 부족에 있습니다.

- 빈스 롬바르디 (Vince Lombardi) -

성공과 실패의 차이는 단순히 능력이 아니라
끝까지 포기하지 않는 의지에 달려 있습니다.

백아절현 伯牙絶絃

백아가[伯][牙] 현을[絃] 끊다[絶]

| 참다운 벗의 죽음을 슬퍼함 |

중국 춘추전국시대의 거문고 연주자 백아가 자신의 음악을 유일하게 이해한 친구 종자기가 죽자, 더 이상 그 음악을 이해할 사람이 없다고 생각해 거문고 줄을 끊었다는 이야기에서 유래하였습니다.
이 말은 참다운 벗을 잃고 더 이상 그 친구와의 우정을 나눌 수 없음을 슬퍼한다는 의미를 담고 있습니다.

• **한자의 발견**

伯(백) : 사람인(人)과 흰 백(白)으로 이루어진 모습이며, '밝게 빛나는 사람'으로 우두머리를 뜻하며, '큰 아버지', '맏이'라는 뜻도 가지고 있다.
백부(伯父) : 아버지의 큰형. 큰아버지.

예문 그들의 오랜 우정은 결국 백아절현처럼 슬픈 이별로 끝이 났다.

伯	牙	絶	絃
맏 백	어금니 아	끊을 절	줄 현

◆◇◆
백아절현 伯牙絶絃

당신이 어떤 사람과 함께 시간을 보낼 때,
그 사람은 당신의 가장 깊은 감정과 생각을
이해해 줄 수 있어야 한다.

- 오프라 윈프리 (Oprah Winfrey) -

나를 이해해주는 사람과의 시간은 가장 소중합니다.
그 사람만이 내 마음의 깊은 곳을 읽을 수 있기 때문입니다.

수어지교 水魚之交

물과[水] 물고기의[魚][之] 관계[交]

| 서로 떨어질 수 없는 매우 친밀한 사이 |

물과 물고기의 관계라는 뜻으로, 물고기가 물을 떠나서 살 수 없듯이, 서로 떨어질 수 없는 매우 친밀한 관계를 표현할 때 사용되는 말입니다.
즉, 서로에게 없어서는 안 될 존재로, 항상 함께하고 서로를 필요로 하는 상호의존적인 관계를 의미합니다.

• **관련된 성어**

관포지교(管鮑之交) : 아주 친한 친구 사이의 다정한 교제를 일컬음.

막역지우(莫逆之友) : 허물없이 아주 친한 벗.

금란지계(金蘭之契) : 금과 난초처럼 변치 않는 우정.

간담상조(肝膽相照) : 간과 쓸개를 서로 비춰본다는 뜻.

예문 그들은 수어지교처럼 언제나 함께하며, 서로를 깊이 이해하고 의지하는 친구입니다.

水	魚	之	交
물 수	물고기 어	갈 지	사귈 교

◆◇◆

수어지교 水魚之交

친구란 서로 떨어져 있는 것이 아니라,
하나의 영혼이 두 개의 몸에 깃들어 있는 것이다.

- 아리스토텔레스 (Aristotle) -

친구란 두 개의 심장이
같은 리듬으로 뛰는 하나의 영혼과 같은 것입니다.

목불식정 目不識丁

눈으로[目] 봐도 정자를[丁] 알지[識] 못한다[不]

| 한 글자도 읽을 수 없을 정도로 아는 것이 없음을 비유한 말 |

'눈으로 봐도 정자(丁)를 알지 못한다'는 뜻으로, 문자나 글자를 전혀 알지 못하는 상태를 비유한 말입니다.

주로 문맹 또는 무지를 의미하며, 어떤 사람이나 상황이 너무나 무지하거나 전혀 알지 못할 때 표현하며, 어떤 특정 분야에 대한 지식이나 이해가 부족한 경우에도 비유적으로 사용할 수 있습니다.

우리 속담에 '낫 놓고 기역자도 모른다'와 비슷한 의미를 갖습니다.

• 관련된 성어 ────

일자불식(一字不識) : 글자를 한 자도 모를 정도로 아는 것이 없음.

일자무식(一字無識) : 한 글자도 읽을 수 없을 정도로 아는 것이 없음.

예문 목불식정이던 그가 이제는 한자를 자유자재로 읽을 수 있게 되었다.

目	不	識	丁
눈 목	아니 불	알 식	고무래 정

◆◇◆
목불식정 目不識丁

당신이 더 많이 읽을수록 더 많은 것을 알게 된다.
당신이 더 많이 배울수록 더 많은 곳으로 갈 수 있다.

- 닥터 수스 (Dr. Seuss) -

배움은 우리에게 무한한 가능성을 보여주고,
더 넓은 세상을 만날 수 있는 기회를 선물 합니다.

일편단심 一片丹心

한[一] 조각의[片] 붉은[丹] 마음[心]

| 오직 한 가지에 변함없는 마음을 이르는 말 |

일편단심을 직역하면 '한 조각 붉은 마음'이라는 뜻으로, 순수하고 변하지 않는 마음을 의미합니다.

일편(一片)은 하나의 조각, 한 조각이라는 의미이며, 단심(丹心)은 붉은 마음, 순수한 마음을 뜻하는데, 충성과 성실한 마음을 상징합니다.

따라서 일편단심은 한 사람이나 일에 대한 변함없는 충성심, 사랑, 또는 헌신을 뜻합니다.

• 관련된 성어

일심동체(一心同體) : 한 마음, 하나의 몸.

백년가약(百年佳約) : 남녀가 결혼하여 평생 함께할 것을 다짐하는 언약.

예문 그의 일편단심은 회사와 나라를 위해 헌신하는 마음에서 비롯된다.

一	片	丹	心
한 일	조각 편	붉을 단	마음 심

◆◇◆

일편단심 一片丹心

내가 살아가는 이유는 단 하나,
내가 믿고 사랑하는 사람을 위해서다.
그 사람을 위해서 나는 아무리 힘든 일도 마다하지 않으며,
그 사람을 향한 마음은 절대 변하지 않는다.

- 알베르 카뮈 (Albert Camus) -

사랑은 단지 말로 표현하는 것이 아닙니다.
중요한 것은 마음의 중심이 변하지 않아야 한다는 것입니다.

천군만마 千軍萬馬

천 명의[千] 군사와[軍] 만 마리의[萬] 말[馬]

| 매우 많은 군사와 말을 이르는 말 |

《삼국지》의 제갈량이 사마의와의 전투에서 강력한 지원군을 이끌며 천군만마라는 표현을 사용했습니다.

이는 그가 매우 강력한 군사력을 지니고 있다는 의미로 사용되었으며, 그 후 이 표현은 막강한 지원 세력이나 압도적인 힘을 의미하는 고사성어로 널리 퍼지게 되었습니다.

현재는 어떤 일을 성취하기 위해 든든한 지원이나 힘을 얻은 상황을 표현할 때 비유적으로 표현합니다.

• 한자의 발견

馬(마) : 갑골문을 보면 '말'의 모양을 본뜬 모습으로, 말의 특징을 표현하기 위해 큰 눈과 갈기가 함께 그려져 있어 말을 의미하게 되었다.

예문 이 기술이야말로 우리의 산업을 발전시킬 천군만마와도 같다.

千	軍	萬	馬
일천 천	군사 군	일만 만	말 마

◆◇◆
천군만마 千軍萬馬

인간은 혼자 있다는 것은 좋지 않다.
일을 혼자 한다는 것은 특히 좋지 않다.
오히려 그가 무언가를 성취하려고 한다면
타인의 협력과 자극이 필요한 것이다.

- 요한 볼프강 폰 괴테 (Johann Wolfgang von Goethe) -

성취와 성공은 혼자의 힘이 아니라,
타인의 협력과 자극 속에서 이루어짐을 알아야 합니다.

49 동고동락 同苦同樂

49
사자성어
명언 필사

같은[同] 고통[苦] 같은[同] 즐거움[樂]

| 괴로울 때나 즐거울 때나 항상 함께함 |

동고동락은 '같은 고통을 함께하고, 같은 즐거움을 함께 한다'는 뜻입니다.
이 성어는 서로가 어려운 시기나 고통을 함께 견디고, 기쁜 순간도 함께 나누는
깊은 유대와 연대감을 표현한 말입니다.
또한, 개인의 이익보다는 공동의 이익을 우선하고, 서로 협력하며 문제를 해결
하려는 공동체 의식을 의미하기도 합니다.

• 관련된 성어와 어휘
동병상련(同病相憐) : 같은 병을 앓는 환자끼리 서로 가엾게 여긴다는 뜻.
일심동체(一心同體) : 한마음 한 몸. 곧, 서로 굳게 결합함.
동지애(同志愛) : 같은 목표를 향해 가는 사람들 간의 우정.

예문 그 신부는 생활이 어려운 노동자들과 동고동락해 왔다.

同	苦	同	樂
한가지 동	쓸 고	한가지 동	즐거울 락(낙)

◆◇◆

동고동락 同苦同樂

우리는 함께 있으면 더 강해진다.
두 사람의 마음이 하나로 연결될 때,
어떤 것도 극복할 수 있다.

- 헨리 포드 (Henry Ford) -

함께 한다는 것은 같은 시간을 보내는 것이 아니라,
마음을 나누고, 함께 성장하며, 꿈을 이루어 가는 것입니다.

백두여신 白頭如新

흰[白] 머리가[頭] 새것과[新] 같다[如]

| 오래 사귀어 온 사이지만 정이 두텁지 못함 |

백두여신의 '백두'(白頭)는 백발 또는 하얀 머리를 의미하고, '여신'(如新)은 새롭다는 뜻입니다. 이 성어는 오랜 시간 동안 함께해도 서로 간의 정이 두텁지 않거나 깊지 않음을 비유하는 표현입니다.

즉, 오랜 시간 동안 알고 지낸 사람들이나 긴 시간을 함께해온 관계에서 서로 간의 감정이나 정서적 유대가 깊어지지 않거나 서로의 마음이 맞지 않는 경우에 사용됩니다.

● **한자의 발견**

如(여) : 여자의 입에서 나오는 말은 대개 비슷하다는 의미에서 '같다', '따르다'라는 뜻을 가지게 되었다.

예문 긴 여행을 마치고 돌아온 그의 얼굴은 백두여신처럼 새로워 보였다.

白	頭	如	新
흰 백	머리 두	같을 여	새 신

◆◇◆

백두여신 白頭如新

오래 사귀어도 감정적으로 밀접한 유대가 없다면,
그 관계는 그저 시간 낭비일 뿐이다.

- 헨리 데이비드 소로 (Henry David Thoreau) -

진정한 관계는 시간이 아닌 마음의 교감에서 비롯됩니다.
오래 사귀어도 감정의 유대가 없다면, 그 관계는 공허할 뿐입니다.

권모술수 權謀術數

권세를[權] 꾀하기[謀] 위한 꾀나[術] 셈[數]

| 목적의 달성을 위하여 수단과 방법을 가리지 않는 온갖 술책 |

권모술수는 권모와 술수를 합한 말로, 권모(權謀)는 꾀를 부림이고, 술수(術數)는 술책과 계략을 의미합니다. 따라서 권모술수는 목적을 달성하기 위해 온갖 꾀와 수단을 가리지 않는 교활한 술책이나 책략을 표현할 때 사용되는 말입니다.

사람들 사이의 신뢰는 한 번 무너지면 회복이 어렵듯이, 권모술수를 쓰지 않고도 신뢰를 통해 진정성 있는 인간관계가 형성되어야 할 것입니다.

• 관련된 어휘

지략(智略) : 지혜와 계획을 사용하여 어려운 상황을 이겨내는 전략.

모략(謀略) : 상황을 유리하게 만들기 위해 교묘히 꾸미는 음모.

예문 정치인들은 권모술수를 동원해 서로를 견제하려는 모습을 보였다.

權	謀	術	數
권세 권	꾀 모	재주 술	셈 수

◆◇◆

권모술수 權謀術數

우리는 겉으로는 진실과 정의를 이야기하지만,
실제로는 종종 속임수와 술수로 자신의 이익을 챙기려 한다.
이것이 인간의 본성이고, 권력은 그 본성을 더욱 자극한다.

- 프리드리히 니체 (Friedrich Nietzsche) -

겉으로 드러난 진실 뒤에는 본심을 시험하는
권력과 속임수가 숨어 있음을 알아야 합니다.

오월동주 吳越同舟

오나라[吳]와 월나라[越]사람이 같은[同] 배를[舟] 타다

| 적대적 관계의 사람들이 같은 처지에서 어쩔 수 없이 협력하는 상태 |

오월동주는 오나라와 월나라는 서로 적대적인 관계였지만, 한 배에 타고 있을 때 폭풍을 만나 협력할 수밖에 없었다는 이야기에서 유래되었습니다.
이는 서로 적대적인 관계에 있던 사람들이 공통의 위기나 목적 앞에서 협력할 수밖에 없는 상태를 뜻합니다.
여기서 동주(同舟)는 같은 배를 탄다는 뜻으로, 서로 협력해야 하는 상황을 의미합니다.

• 관련된 성어 ─────

상부상조(相扶相助) : 서로서로 도움.

동심동력(同心同力) : 마음을 같이하여 힘을 합침.

예문 미국과 중국은 공동의 이익을 위해 오월동주하기로 했다.

吳	越	同	舟
성씨 오	넘을 월	한가지 동	배 주

◆◇◆
오월동주 吳越同舟

협력이란 모든 사람이 함께하지 않으면
아무도 목적지에 도달할 수 없다는 깊은 확신이다.

- 버지니아 버롤 (Virginia Burrell) -

협력이란, 함께 가야 멀리 갈 수 있듯이
마음이 모여야 진정한 목적지에 도달할 수 있는 믿음입니다.

근묵자흑 近墨者黑

먹을[墨] 가까이[近] 하는 자는[者] 검어진다[黑]

| 나쁜 사람과 가까이 하면 나쁜 버릇에 물들게 됨 |

중국 철학자 순자(荀子)의 《권학편(勸學篇)》에서 유래되었습니다.
"근주자적 근묵자흑"(近朱者赤 近墨者黑)이라는 구절에서 나왔으며, 이는 붉은
것을 가까이하면 붉게 물들고, 먹을 가까이하면 검게 물든다는 뜻입니다.
따라서 근묵자흑은 환경이나 사람의 영향이 개인의 성격과 행동에 큰 영향을 미
침을 표현할 때 사용됩니다.

• 한자의 발견

墨(묵) : 黑은 아궁이에 생기는 그을음을 본뜬 것으로 '검다'라는 뜻을 가지고 있으며,
그을음을 흙(土)에 섞어 휘저은 것이니, 먹이라는 뜻을 가지게 되었다.

예문 근묵자흑이라는 말처럼, 네 주변의 사람들이 너의 미래를 결정할 수 있어.

近	墨	者	黑
가까울 근	먹 묵	놈 자	검을 흑

◆◇◆

근묵자흑 近墨者黑

우리는 주변 사람들의 영향을 받으며,
그들과의 상호작용 속에서 자신을 만들어간다. 그러니
어떤 사람들과 시간을 보내는지에 대해 항상 신중해야 한다.
당신의 시간은 당신의 삶이기 때문이다.

- 짐 론 (Jim Rohn) -

지금 함께하는 모든 것은 당신의 내일을 빚어냅니다.
시간과 사람을 선택하는 것도 곧 당신의 삶을 선택하는 일입니다.

십시일반 十匙一飯

열[十] 숟가락씩[匙] 보태면 한 그릇의[一] 밥이[飯] 됨

| 여럿이 힘을 합하면 한 사람쯤은 도와주기 쉽다 |

십시일반은 '열 사람이 한 숟가락씩 보태면 한 그릇의 밥이 된다'는 뜻입니다.
여러 사람이 힘을 합쳐 한 가지 일을 이루는 것을 비유한 말로, 작은 힘이 모여
큰일을 이룰 수 있음을 표현할 때 사용됩니다.
이 표현은 협력과 단결의 중요성을 강조하며, 작은 노력이 모여 큰 성과를 이룰
수 있음을 나타내는 데 쓰입니다.

• **관련된 성어**

  상부상조(相扶相助) : 서로서로 도움.

  합심동력(合心同力) : 여러 사람이 하나의 마음과 힘으로 협력함.

예문 모두가 조금씩 힘을 합쳐 십시일반으로 어려운 상황을 극복했다.

十	匙	一	飯
열 십	숟가락 시	한 일	밥 반

◆◇◆

십시일반 十匙一飯

개별적으로 우리는 한 방울에 불과하지만,
함께라면 우리는 하나의 바다가 된다.

- 렌조 아르케타 (Renzo Arcenti) -

혼자서는 미약한 물방울이지만,
서로 함께한다면 끝없는 바다를 만들 수 있습니다.

양봉음위 陽奉陰違

겉으로[陽] 복종하고[奉] 속으로[陰] 배신함[違]

| 겉으로는 복종하는 체하면서 마음속으로는 배반함 |

양봉음위를 직역하면 '겉으로 복종하고 속으로 배신한다'는 뜻입니다.

겉과 속이 다르며 이중적인 태도를 취하는 사람이나 상황을 비유적으로 표현할 때 사용됩니다.

이는 사람의 진심이 겉으로 드러난 모습과 다를 때를 지적하거나, 정치적·사회적 맥락에서 신뢰를 저버리는 행동을 비판할 때 자주 사용됩니다.

• **관련된 성어**

내강외유(内剛外柔) : 겉으로는 부드럽고 속은 곧고 굳셈.

면종복배(面從腹背) : 겉으로 복종하고 속으로 배신함.

애이불비(哀而不悲) : 슬프지만 겉으로 슬픔을 나타내지 않음.

예문 양봉음위하는 사람은 신뢰를 잃기 쉽다.

陽	奉	陰	違
볕 양	받들 봉	그늘 음	어긋날 위

◆◇◆

양봉음위 陽奉陰違

겉으로는 미소를 띠며 친절을 가장하지만,
속으로는 질투와 분노를 품고 있는 사람이 있다면,
그는 결국 그 미소 뒤에 숨겨진 칼날을 드러내게 될 것입니다.

- 장 자크 루소 (Jean-Jacques Rousseau) -

겉으로는 미소를 지어도, 속마음은 드러나게 마련입니다.
숨겨둔 감정은 언젠가 표출되기 때문입니다.

유유상종 類類相從

같은[類] 종류끼리[類] 서로[相] 따르다[從]

| 같은 무리끼리 서로 사귐 |

유유상종을 직역하면 '같은 종류의 사람들끼리 서로 어울린다'는 뜻입니다.
사람들이 자신과 비슷한 성향이나 취향을 가진 사람들과 자연스럽게 모이거나
친구가 된다는 의미를 담고 있습니다.
비슷한 성격이나 관심사를 가진 사람들이 모였을 때나 서로 공통점을 가진 사람
들이 친하게 지내는 모습을 설명할 때 사용됩니다.

• 한자의 발견

相(상) : 나무에 올라가서 눈으로 먼 곳을 본다는 의미에서 '보다'는 뜻이 생성되었으
며, 후에 함께 본다는 것에서 '서로'와 '보고 돕는다'는 것에서 '돕다'라는 뜻을 가지게
되었다.

예문 유유상종이라더니 고만고만한 녀석들끼리 매일 붙어 다니는구나.

類	類	相	從
무리 류	무리 류	서로 상	좇을 종

◆◇◆

유유상종 類類相從

우리가 선택하는 사람들은
우리의 생각, 행동, 태도에 영향을 미친다.
더 나은 사람이 되고, 더 나은 일을 할 수 있도록
영감을 주는 긍정적이고 동기부여가 되는 사람들과 함께하라.

- 익명 -

함께 한다는 것은 서로의 지혜를 나누고,
서로의 존재를 인정하는 것에서 출발합니다.

무소불위 無所不爲

하지[爲] 못할[不] 일이[所] 없다[無]

| 못 할 일이 없이 다 함. 또는 하지 못하는 일이 없다 |

무소불위란 '어떤 일이든 제약 없이 마음대로 행할 수 있다'는 뜻입니다.
이는 주로 권력이나 힘이 매우 강해 모든 것을 마음대로 할 수 있는 상태를 묘사하거나, 무소불위의 능력을 지닌 존재를 표현할 때 사용됩니다.
부정적으로는 권력을 남용하거나 절대적인 권세를 행사하는 사람이나 기관을 비판할 때 쓰이기도 합니다.

• 관련된 성어

전지전능(全知全能) : 모든 것을 알고 모든 것을 할 수 있다.

불가항력(不可抗力) : 도저히 거스를 수 없는 힘.

지행무애(志行無碍) : 뜻하고 행동함에 걸림이 없다.

예문 그 정치인은 무소불위의 권력을 가졌지만 결국 부패로 무너졌다.

無	所	不	爲
없을 무	장소 소	아니 불	할 위

◆◇◆
무소불위 無所不爲

권력을 가진 자는 스스로 그 권력을 견제하지 않으면,
결국 그 힘은 오히려 자신을 삼키게 된다.

- 찰스 더 몬테스키외 (Charles de Montesquieu) -

진정한 지도자는 자신의 힘을 과도하게 사용하거나
남용하지 않으며, 그것을 적절히 통제할 줄 아는 사람입니다.

절차탁마 切磋琢磨

자르고[切] 갈고[磋] 쪼고[琢] 닦는다[磨]

| 부지런히 학문과 덕행을 닦음을 이르는 말 |

절차탁마는 원래 옥이나 돌을 다듬어 빛나는 보석으로 만드는 과정을 의미합니다.

여기서 切磋(절차)는 뼈나 상아를 깎고(切) 갈아서(磋) 다듬는 과정을, 琢磨(탁마)는 옥이나 돌을 쪼고(琢) 갈아서(磨) 더욱 정교하게 만드는 과정을 뜻합니다. 이러한 뜻에서 절차탁마는 자기 계발, 학문 연구, 인격 수양 등에서 끊임없이 노력하여 완성도를 높이는 과정을 의미합니다.

• **관련된 성어**

마부위침(磨斧爲針) : 도끼를 갈아 바늘을 만든다는 뜻.

수적천석(水滴穿石) : 물방울이 바위를 뚫는다는 뜻.

예문 학문은 절차탁마를 거쳐야만 비로소 완성될 수 있다.

切	磋	琢	磨
끊을 절	갈 차	쪼을 탁	갈 마

◆◇◆

절차탁마 切磋琢磨

우리는 반복적으로 하는 것에 의해 형성된다.
따라서 탁월함은 행동이 아니라 습관이다.

- 아리스토텔레스 (Aristotle) -

탁월함이란 매일의 작은 선택, 반복되는 노력,
꾸준한 실천 속에 숨어 있는 습관에 있습니다.

포복절도 抱腹絶倒

배를[腹] 안고[抱] 끊어질 정도로[絶] 넘어진다[倒]

| 배를 부둥켜안고 넘어질 정도로 몹시 웃음 |

포복절도는 배를 안고 쓰러질 정도로 웃는다는 의미로, 너무 웃겨서 배를 움켜잡고 넘어질 만큼 웃는 상태를 묘사하는 표현입니다.
일반적으로 사람이 너무 웃겨서 몸을 움켜잡고 넘어질 정도로 웃을 때 사용되며, 일상적인 대화에서 유머가 극대화된 순간이나 재미있는 상황에 자주 표현합니다.

• 관련된 성어와 속담

요절복통(腰折腹痛) : 허리가 끊어질 듯하고 배가 아플 정도로 몹시 웃음.

웃음이 배를 타고 올라간다 : 웃는 사람이 배를 움켜잡고 웃을 정도로 재미있는 상황.

예문 그는 포복절도하며 웃다가 결국 눈물이 날 정도였다.

抱	腹	絶	倒
안을 포	배 복	끊을 절	넘어질 도

◆◇◆
포복절도 抱腹絶倒

유머는 우리가 가진 가장 중요한 무기 중 하나이다.
그것은 상처를 치유하고, 갈등을 해소하며,
인생을 살아가는 데 있어 필수적인 기운을 불어넣어 준다.

- 마하트마 간디 (Mahatma Gandhi) -

유머는 상처를 치유하고 갈등을 해소하며,
우리 몸에 필요한 에너지를 공급하는 영양제와 같습니다.

파안대소 破顔大笑

얼굴이[顔] 일그러지도록[破] 크게[大] 웃음[笑]

| 매우 즐거운 표정으로 한바탕 크게 웃음 |

파안대소를 직역하면 '얼굴이 일그러지도록 크게 웃는다'는 뜻입니다.
너무나 크게 웃어서 얼굴이 일그러질 것 같은 상황을 묘사할 때 표현합니다.
보통 기쁜 일이나 재미있는 일이 생겼을 때 그 기쁨을 숨기지 않고 얼굴 가득한
웃음으로 표현하는 상황을 나타내는데 모든 걱정과 슬픔이 사라지는 것을 아름
답게 표현한 말입니다.

• 관련된 성어
파안일소(破顔一笑) : 매우 즐거운 표정을 지으며 한바탕 웃음.
가가대소(呵呵大笑) : 배를 그러안고 넘어질 정도로 몹시 웃음.
박장대소(拍掌大笑) : 손뼉을 치며 크게 웃음.

예문 할아버지는 손자의 재롱에 파안대소하며 즐거워했다.

破	顔	大	笑
깨뜨릴 파	얼굴 안	큰 대	웃음 소

파안대소 破顔大笑

웃음은 우리에게 일어나는 모든 것 중에서
가장 강력한 무기이다. 그것은 세상에서 가장 좋은
치유제이며, 상처를 치유하는 마법이다.

- 데이비드 레터맨 (David Letterman) -

웃음은 단순한 표정의 변화가 아니라,
마음에서 우러나오는 가장 순수한 감정의 표현입니다.

심기일전 心機一轉

어떤[一] 계기에[機] 마음을[心] 돌리다[轉]

| 어떤 계기에 의하여 그 전까지의 마음을 완전히 뒤집듯이 바꿈 |

심기일전을 직역하면 '어떤 동기에 의해 마음을 돌린다'는 뜻입니다.
마음가짐이나 생각이 순식간에 바뀌는 것을 비유한 말로, 어떤 계기로 인해 마음의 방향이 완전히 달라지는 상황을 표현할 때 사용됩니다.
주로 어려운 상황에서 새로운 해결책을 떠올리거나, 부정적인 마음을 긍정적으로 바꾸는 순간에 사용됩니다.

• **한자의 발견**

機(기) : '기계', '베틀', '기회'라는 뜻을 가진 글자이다. 본래 옷감을 짜는 베틀의 의미를 지닌 글자이나 현대에는 '기계'의 뜻으로도 사용되고 있다.

예문 어려운 상황에서도 심기일전하여 다시 일어설 수 있었다.

心	機	一	轉
마음 심	베틀 기	한 일	돌릴 전

◆◇◆

심기일전 心機一轉

인생은 당신에게 레몬을 줄 수도 있다.
하지만 그 레몬으로 레모네이드를 만드는 것은
당신의 선택이다.

- 데일 카네기 (Dale Carnegie) -

인생이 무엇을 주느냐가 아니라,
인생을 어떻게 만들어 갈 것인가 선택에 달려있습니다.

작심삼일 作心三日

마음을[心] 작심하여[作] 삼일[三][日]

| 결심이 사흘을 지나지 못함 |

작심삼일은 '마음먹은 지 삼일을 못 간다'는 뜻입니다.
여기서 작심(作心)은 마음먹은 것을, 삼일(三日)은 사흘을 의미합니다.
이 표현은 보통 어떤 일을 시작할 때 처음에는 의욕적으로 시작하지만, 그 결심이 오래가지 못하고 금방 흐지부지되어 버리는 상황을 표현할 때 사용됩니다.

• 한자의 발견

心(심) : '마음'이나 '생각', '심장', '중앙'이라는 뜻을 가진 글자이다. 사람의 심장 모양을 본뜬 글자로 고대에는 모든 개념이 뇌가 아닌 심장에서 나오는 것으로 인식해 '마음'의 의미로 쓰이게 되었다.

예문 나는 새해마다 하는 결심이 늘 작심삼일로 끝나고 만다.

作	心	三	日
지을 작	마음 심	석 삼	날 일

◆◇◇
작심삼일 作心三日

당신이 어떤 일을 처음 시작할 때는 의욕이 넘친다.
하지만 시간이 지나면서 그 의욕은 사라지고,
그때부터는 오직 훈련과 습관만이 당신을 앞으로 나아가게 한다.

- T. 하브 에커 (T. Harv Eker) -

처음의 뜨거운 열정은 시간이 지나면 식을 수 있어도
꾸준히 쌓아온 습관은 당신을 더욱 빛나고 단단하게 합니다.

사생결단 死生決斷

죽음과[死] 삶을[生] 결단하다[決][斷]

| 죽고 사는 것을 돌보지 아니하고 끝장을 내려고 함 |

사생결단을 직역하면 '죽음과 삶을 결단하다'라는 뜻입니다.
이 말은 중국 전국시대의 정치가인 범선이 '중대한 결정을 내릴 때는 죽음과 삶을 결정하는 것처럼 생각해야 한다'고 말한 데서 유래한 말입니다. 이 표현은 주로 극단적이고 중요한 결정을 내려야 하는 상황에서 사용됩니다.

• 관련된 성어

한사결단(限死決斷) : 죽음을 무릅쓰고 결단함.
필사즉생(必死則生) : 죽기를 각오하면 살 수 있다는 뜻.
결사보국(決死報國) : 죽을 각오를 하고 나라의 은혜에 보답함.

예문 그는 사생결단의 의지로 새로운 사업에 도전하여 성공하였다.

死	生	決	斷
죽을 사	날 생	결단할 결	끊을 단

◆ ◇ ◆
사생결단 死生決斷

인생은 결단의 연속이다.
당신의 목숨을 걸고, 결정을 내리기 전까지는
아무것도 이루어지지 않는다.

- 조지 S. 패튼 (George S. Patton) -

결단이란 단순히 '결정'을 내리는 것이 아니라, 온전히 책임지고,
그것을 실현하기 위해 온 힘을 다하는 태도를 말합니다.

64
사자성어
명언 필사

일도양단 一刀兩斷
한[一] 칼에[刀] 양쪽을[兩] 끊는다[斷]

| 어떤 일을 머뭇거리지 않고 선뜻 결정함 |

일도양단을 직역하면 '한 칼에 양쪽을 끊는다'는 뜻입니다.
어떤 일을 머뭇거리지 않고 신속하게 결정하는 상황을 비유한 말입니다.
이 표현은 망설임 없이 신속하게 결정을 내리는 상황이거나, 복잡한 상황이나
어려운 문제를 단호하게 해결할 때 사용합니다.

• **한자의 발견**

刀(도) : 칼날이 굽은 칼의 모양을 본뜬 글자로 '칼'이라는 뜻을 가졌다.

兩(양) : 저울추가 나란히 매달려 있는 모습을 그린 것으로, '둘'이나 '짝', '무게의 단
위'라는 뜻을 가진 글자로 사용되고 있다.

예문 이번에는 일도양단으로 그 일을 끝내기로 마음먹었다.

一	刀	兩	斷
한 일	칼 도	두 량(양)	끊을 단

◆◇◆

일도양단 一刀兩斷

결단을 내리는 순간, 운명은 흐름을 바꾼다.
망설임은 기회를 놓치게 하지만,
결단은 새로운 길을 열어준다.

- 토니 로빈스 (Tony Robbins) -

결단을 내린다는 것은 운명을 스스로 바꾸는 일이며,
이는 주도적으로 자신이 선택한 길을 따라가는 것입니다.

우유부단 優柔不斷

너그럽고[優] 부드럽지만[柔] 결단하지[斷] 못한다[不]

| 어물거리며 망설이기만 하고 결단력이 없음 |

중국 고전인 《한서(漢書)》에 보면 "우유과단(優柔寡斷)" 즉, 너그럽고 부드럽지만 결단력이 부족하다는 말에서 유래되었습니다.

이후 "우유부단"으로 줄여 사용되며, 망설이고 결정을 내리지 못하는 태도를 비판하는 의미로 자리 잡았습니다.

이는 지나치게 신중하거나 두려움 때문에 결정을 미루는 부정적인 성향을 비판할 때 사용합니다.

• **관련된 성어와 어휘**

주저불결(猶豫不決) : 망설이고 결정을 내리지 못함.

미적지근하다 : 더운 기운이 약간 있는 듯 없는 듯하다.

예문 나는 나의 우유부단한 성격이 늘 불만이다.

優	柔	不	斷
넉넉할 우	부드러울 유	아니 부	끊을 단

◆◇◆
우유부단 優柔不斷

결단은 미래를 만드는 도구다.
오늘 내린 결단이 내일의 나를 결정한다.
망설임은 시간을 낭비할 뿐이지만, 결단은 시간을 창조한다.

- 앤드류 카네기 (Andrew Carnegie) -

망설임은 시간을 허무하게 흘려보내지만,
결단은 시간에 날개를 달아 꿈을 현실로 만듭니다.

좌고우면 左顧右眄

왼쪽을[左] 둘러보고[顧] 오른쪽을[右] 곁눈질[眄] 하다

| 무엇을 결정하지 못하고 이리저리 생각해 보며 망설임 |

좌고우면은 '왼쪽을 돌아보고 오른쪽을 곁눈질 한다'는 뜻입니다.
어떠한 상황을 결정할 때 주저하거나 망설이는 상태를 표현할 때 사용합니다.
이 말은 원래 좌우를 살펴 빈틈없이 한다는 뜻이었으나, 이후, 앞뒤를 재고 망설이며 결단을 내리지 못하는 태도를 의미하게 되었습니다.

• 관련된 성어 ────────────────────────────

우유부단(優柔不斷) : 어물어물하며 결단을 내리지 못함.

주저불결(猶豫不決) : 망설이고 결정을 내리지 못함.

우왕좌왕(右往左往) : 이리저리 갈팡질팡하며 방향을 잃음.

예문 좌고우면하는 태도로 인해 기회를 놓치고 말았다.

左	顧	右	眄
왼 좌	돌아볼 고	오른쪽 우	곁눈질할 면

◆◇◆

좌고우면 左顧右眄

결단은 단순히 선택을 넘어선다.
그것은 자신의 가치관과 믿음을 행동으로 옮기는 과정이다.
진정한 결단은 마음속에서 시작되며, 행동으로 완성된다.

- 스티븐 코비 (Stephen Covey)) -

결단은 자신의 내면이 현실로 구현되는 순간이자,
자신이 선택한 길을 실천하기 위한 원동력입니다.

일심동체 一心同體

하나의[一] 마음과[心] 같은[同] 몸[體]

| 하나로 합친 마음과 같은 몸 |

일심동체는 '하나로 합친 마음과 같은 몸'이라는 뜻입니다.
불교에서 유래된 말로, 원래는 "모든 존재가 하나로 연결되어 있다"는 철학적 의미를 담고 있습니다.
이후 협력, 화합, 단결을 상징하며, 팀워크나 공동의 목표를 위해 함께 노력하는 모습을 강조하는 표현으로 자리 잡았습니다.

• 관련된 성어 ─────

일치단결(一致團結) : 여럿이 마음을 합쳐 한 덩어리로 굳게 뭉침.

합심합력(合心合力) : 마음과 힘을 합침.

혼연일체(渾然一體) : 생각 · 행동 · 의지 따위가 완전히 하나가 됨.

예문 우리는 일심동체가 되어 이 프로젝트를 성공시킬 것이다.

一	心	同	體
한 일	마음 심	같을 동	몸 체

◆◇◆

일심동체 一心同體

함께 모이는 것은 시작이고,
함께 머무는 것은 진전이며,
함께 일하는 것은 성공이다.

- 헨리 포드 (Henry Ford) -

성공은 함께 모여 의견을 나누고, 지속적으로 협력하며,
함께 실천하는 과정에서 완성되는 것입니다.

이심전심 以心傳心

마음[心]으로[以] 마음을[心] 전하다[傳]

| 마음과 마음으로 서로 뜻이 통함 |

이심전심은 불교 경전, 특히 선종(禪宗)의 가르침에서 유래했습니다.
중국 선종의 초기 조사인 달마(達磨) 대사가 제자 혜가(慧可)에게 가르침을 전할 때 이 개념을 사용했다고 전해집니다. 이후 선불교의 핵심 교리로 자리 잡았습니다.
이 말은 말없이도 서로의 마음을 이해하고 소통하는 상황을 표현할 때 사용됩니다.

• 관련된 성어 ───

심령상통(心靈相通) : 마음과 영혼이 서로 통하다.

안색지교(眼色之交) : 마음과 힘을 합침.

안목상통(眼目相通) : 눈빛으로 서로 통하다.

[예문] 두 사람 사이에는 어느덧 이심전심의 우정이 싹트고 있었다.

以	心	傳	心
써 이	마음 심	전할 전	마음 심

◆◇◆
이심전심 以心傳心

침묵은 때로 가장 강력한 언어이다.
말로 표현할 수 없는 것들, 마음속 깊은 곳의
감정과 생각은 침묵 속에서 더 크게 울려 퍼진다.

- 칼릴 지브란 (Kahlil Gibran) -

침묵은 소통의 또 다른 방식이며
때로는 가장 강력한 언어가 되기도 합니다.

학수고대 鶴首苦待

학처럼[鶴] 목을[首] 빼고 괴롭게[苦] 기다린다[待]

| 간절한 마음으로 애타게 기다림 |

학수고대를 직역하면 '학처럼 목을 빼고 괴롭게 기다림'이라는 뜻입니다.
무언가를 간절히 기다리는 마음을 강조하며, 특히 기다림이 고통스러울 정도로
길고 간절한 상황을 표현할 때 사용됩니다.
학의 목처럼 길게 빌며 기다린다는 비유가 포함되어 있어, 기다림의 간절함과
고통을 동시에 나타냅니다.

• 관련된 성어 ─────

망안목석(望眼欲穿) : 눈이 빠지도록 기다리다.

일일삼추(一日三秋) : 하루가 삼 년 같다는 뜻.

염두지망(念頭之望) : 마음속으로 간절히 바라다.

예문 어머니는 아들이 고향으로 내려오기만 학수고대 바라고 있었다.

鶴	首	苦	待
학 학	머리 수	괴로울 고	기다릴 대

◆◇◆

학수고대 鶴首苦待

기다림은 사랑의 가장 아름다운 표현이다.
말로는 다할 수 없는 마음의 깊이를,
오직 시간과 인내로만 전할 수 있다.

– 앙투안 드 생텍쥐페리 (Antoine de Saint-Exupéry) –

기다림은 시간이 흐를수록 더 간절해지는
마음이기에 말없이도 그 깊이를 전할 수 있습니다.

일희일비 一喜一悲

하나의 [一] 기쁨[喜], 하나의[一] 슬픔[悲]

| 기쁜 일과 슬픈 일이 번갈아 일어남 |

일희일비를 직역하면 '하나의 기쁜 일과 하나의 슬픈 일'이라는 뜻입니다.
작은 일에도 쉽게 기뻐하고 쉽게 슬퍼하는 감정의 기복을 의미합니다.
이 말은, 변덕스러운 감정 상태나 지나치게 외부 환경에 영향을 받는 태도를 표현할 때 사용합니다.

• 한자의 발견

喜(희) : 변형된 북의 모양에 사람의 입을 더해 기쁨의 소리를 낸다는 의미에서 '기쁘다'는 뜻이 만들어졌다.

悲(비) : '마음이(心) 영 아니다(非)'라는 의미로, 기분이 좋지 않다는 뜻이다. 그래서 悲(비)는 슬픈 감정을 표현하는 뜻으로 쓰이고 있다.

예문 주식 시장의 변동에 일희일비하며 마음이 불안했다.

一	喜	一	悲
한 일	기쁠 희	한 일	슬플 비

일희일비 一喜一悲

인생은 기쁨과 슬픔이 교차하는 파도와 같다.
파도에 휩쓸리지 않고 중심을 잡는 것이 중요하다.

- 랄프 왈도 에머슨 (Ralph Waldo Emerson) -

기쁨도 슬픔도 스쳐 가는 파도일 뿐,
휩쓸리지 않고 올 곧게 자신의 길을 걸어가야 합니다.

노심초사 勞心焦思

마음을[心] 수고롭게[勞] 하고 생각을[思] 초조하게[焦] 한다

| 마음속으로 애를 쓰며 속을 태움 |

노심초사는 '마음속으로 애를 쓰고 생각이 많아 속이 탄다'는 뜻입니다.
여기서 노심(勞心)은 마음을 수고롭게 하다, 정신적으로 힘들어하는 상태를, 초사(焦思)는 생각으로 인해 초조해하거나 걱정이 많은 상태를 말합니다.
이 말은 어떤 일로 인해 마음이 매우 괴롭고 걱정이 많아 초조해하는 상태를 표현할 때 사용합니다.

• 관련된 성어

초심고려(焦心苦慮) : 마음속으로 애를 쓰며 속을 태움.

고심초사(苦心焦思) : 가슴 졸이며 애써 생각함.

초조불안(焦躁不安) : 마음이 초조하고 불안한 상태.

예문 시험 결과를 기다리는 학생은 노심초사하며 시간을 보냈다.

勞	心	焦	思
일할 로	마음 심	탈 초	생각 사

◆◇◆
노심초사 勞心焦思

걱정이란 인간이 가진 가장 어리석은 습관 중 하나다.
그것은 마치 이자를 두 번 내는 것과 같다.
하나는 아직 오지 않은 미래에 대해,
또 하나는 그 걱정 때문에 지금을 낭비하는 대가로.

- 벤저민 프랭클린 (Benjamin Franklin) -

걱정은 당신에게 주어진 오늘의 빛을 가리는 것입니다.
지나치게 염려하기보다, 지금을 사랑하고 소중히 여겨야 합니다.

역지사지 易地思之

처지를[地] 바꾸어[易] 생각한다[思][之]

| 남과 처지를 바꾸어 생각함 |

역지사지를 직역하면 '처지를 바꾸어 생각한다'는 뜻으로, 상대방의 입장이 되어 상황을 바라보고 이해하라는 의미입니다.
즉, 자신과 다른 입장에 있는 사람의 처지를 생각하거나, 상대방의 감정이나 상황을 이해하려는 상황을 표현할 때 사용하는 말입니다.

• 한자의 발견

地(지) : 잡초가 무성한 곳에서 뱀을 흔히 볼 수 있다는 의미에서 '땅'이나 '대지', '장소'라는 뜻을 가진 글자가 되었다.

思(사) : 전(田)은 사람의 뇌 모양이어서, 머리에서 생각하고 마음(心)으로 느낀다는 의미에서 '생각하다'는 의미가 생성되었다.

예문 역지사지하는 자세로 상대방을 대하면 관계가 더 원만해진다.

易	地	思	之
바꿀 역	땅 지	생각 사	갈 지

◆◇◆

역지사지 易地思之

인간이 지닌 가장 아름다운 덕목은 공감이다.
공감하는 순간, 우리는 서로의 마음을 진정으로 이해하게 된다.

- 랄프 왈도 에머슨 (Ralph Waldo Emerson) -

마음을 나누며 이해하는 공감은
인간이 지닌 가장 아름다운 덕목이자, 소통입니다.

다정다감 多情多感

정이[情] 많고[多] 느낌이[感] 많다[多]

| 정이 많고 감성이 풍부함 |

다정다감은 '정이 많고 감정이 풍부하다'는 뜻으로, 다정(多情)은 정이 많고 감정이 풍부함을, 다감(多感)은 감수성이 예민하고 감정 변화가 많음을 의미합니다.

이 말은 감정이 풍부하고 감수성이 예민한 사람을 표현할 때 사용됩니다.
긍정적인 의미로는 따뜻하고 배려심이 많다는 뜻이지만, 부정적인 의미로는 감정 기복이 심하거나 지나치게 예민하다는 뜻으로도 쓰일 수 있습니다.

• 관련된 성어

다감다정(多感多情) : 감성이 풍부하고 정이 많음.

감성풍부(感性豊富) : 감수성이 풍부하다.

예문 다정다감한 그녀는 항상 친구들의 고민을 잘 들어준다.

多	情	多	感
많을 다	뜻 정	많을 다	느낄 감

◆◇◆

다정다감 多情多感

다정함은 약함이 아니다.
그것은 가장 섬세한 형태의 강함이다.

- 제임스 M. 배리 (J.M. Barrie) -

다정함이란 사람의 마음을 움직일 수 있는
부드러움 속에 숨겨진 가장 섬세한 무기입니다.

언감생심 焉敢生心

어찌[焉] 감히[敢] 마음을[心] 품을[生] 수 있으랴

| 감히 그런 마음을 품을 수 없음 |

언감생심은 '어찌 감히 그런 마음을 품을 수 있겠는가'라는 뜻입니다.
상대방이나 어떤 상황에 대해 감히 마음을 품거나 생각조차 할 수 없다는 강한
부정의 의미를 담고 있습니다.
즉, 어떤 일이나 상황에 대해 전혀 생각하거나 바라지 않는다는 솔직한 자기입
장을 설명할 때 표현하는 말입니다.

• 관련된 성어

감불생심(敢不生心) : 감히 무엇을 할 마음도 내지 못함

안감생심(安敢生心) : 감히 바랄 수도 없음.

막감개구(莫敢開口) : 두려워서 할 말을 감히 하지 못함.

예문 그 일은 제가 언감생심 엄두도 낼 수 없는 일입니다.

焉	敢	生	心
어찌 언	감히 감	날 생	마음 심

◆◇◆

언감생심 焉敢生心

진정으로 중요한 것은,
우리가 얼마나 할 수 있느냐가 아니라,
얼마나 도전하려고 하느냐이다.

- 로버트 F. 케네디 (Robert F. Kennedy) -

얼마나 잘 할 수 있을지는 중요하지 않습니다. 중요한 것은,
도전하는 마음으로 그 길을 뚜벅뚜벅 걸어가는 것입니다.

인면수심 人面獸心

사람의[人] 얼굴을[面] 하고, 마음은[心] 짐승과[獸] 같다

| 마음이나 행동이 몹시 흉악한 사람을 이르는 말 |

인면수심을 직역하면 '사람의 얼굴을 하고 마음은 짐승과 같다'는 뜻입니다.
즉, 마음이나 행동이 몹시 흉악한 사람을 의미하는 말입니다.
이 표현은 겉과 속이 다른 사람, 특히 겉으로는 착해 보이지만 속으로는 악한 사람을 표현할 때 사용하는 말입니다.

· 한자의 발견

面(면) : 사람의 '얼굴'이나 '평면'이라는 뜻을 가지며 사람의 머리둘레와 눈을 그린 것으로 사람의 얼굴에서 비롯되는 '표정', '겉모습'이라는 뜻으로 쓰이고 있다.

예문 그는 그야말로 인면수심의 파렴치한 인간이었다.

人	面	獸	心
사람 인	낯 면	짐승 수	마음 심

◆◇◆

인면수심 人面獸心

사람의 본성은 위기 속에서 드러난다.
선한 척하던 사람도 본색을 숨길 수 없다.

- 장 자크 루소 (Jean-Jacques Rousseau) -

평온한 바다에서는 누구나 좋은 선장이 될 수 있지만,
폭풍이 몰아치는 순간, 진정한 선장의 모습이 드러나게 됩니다.

암중모색 暗中摸索

어둠[暗] 속에서[中] 더듬어[摸] 찾다[索]

| 확실한 방법을 모르는 채, 일의 실마리를 찾아내려 함 |

암중모색을 직역하면 '어둠 속에서 물건을 더듬어 찾는다'는 뜻입니다.
암중(暗中)은 어둠 속을, 모색(摸索)은 더듬어 찾다 의미를 가지고 있습니다.
이 말은 불분명한 상황에서 시행착오를 겪으며 해결책을 찾아나가는 모습을 비유적으로 나타냅니다.
이 표현은 불확실한 상황에서 노력하며 해결책을 찾는 과정을 표현할 때 사용됩니다.

• **관련된 성어**

오리무중(伍里霧中) : 오 리에 걸친 짙은 안개 속에 있다는 뜻.

백절불굴(百折不屈) : 백 번 꺾여도 굴하지 않는다는 뜻.

예문 그는 암중모색하며 새로운 비즈니스 모델을 찾아냈다.

暗	中	摸	索
어두울 암	가운데 중	찾을 모	찾을 색

◆◇◆
암중모색 暗中摸索

길이 보이지 않을 때 가장 중요한 것은,
당장 답을 찾으려 애쓰기보다 그 상황을 견디고 배우는 것이다.
때로는 더듬어 가는 과정 자체가 우리를 더 단단하게 만든다.

- 랄프 왈도 에머슨 (Ralph Waldo Emerson) -

경험이란 삶의 지도를 그리는 중요한 지혜의 조각들이 모여,
완전한 인생의 작품을 완성하게 되는 것과 같습니다.

경국지색 傾國之色

나라를[國] 기울게[傾] 할 만한[之] 미색[色]

| 뛰어나게 아름다운 여자를 이르는 말 |

경국지색을 직역하면 '나라를 기울게 할 만한 미색'이라는 뜻입니다.
고대 중국에서 아름다운 여성이 군주의 마음을 빼앗아 나라의 정사를 소홀히 하
게 만들고, 결국 나라를 위태롭게 하는 상황을 묘사할 때 자주 사용되었습니다.
대표적인 예로는 중국 고대의 미인인 양귀비나 달기 등이 있습니다.

• 관련된 성어

미인박명(美人薄命) : 아름다운 여성은 운명이 기박하다는 뜻.

화국경성(花國傾城) : 꽃 같은 미모로 성을 기울게 한다는 뜻.

홍안폐수(紅顔廢水) : 아름다운 여성으로 인해 나라가 망한다는 뜻.

예문 그 배우의 경국지색은 영화 속에서 모든 관객의 마음을 훔쳐갔다.

傾	國	之	色
기울 경	나라 국	갈 지	빛 색

◆◇◆

경국지색 傾國之色

어떤 사람은 그 존재 자체가 세상을 바꿀 만큼 강력하다.
그들은 미소 하나로도 세상을 변화시킬 수 있는 존재이다.

- 오스카 와일드 (Oscar Wilde) -

미소는 따뜻한 감정과 깊은 이해가 있으며,
세상과 사람들을 향한 사랑과 배려가 있습니다.

자격지심 自激之心

스스로를[自] 격하게[激] 하는[之] 마음[心]

| 자기가 한 일에 대하여 스스로 미흡하게 여기는 마음 |

자격지심을 직역하면 '스스로를 격하게 하는 마음'을 뜻합니다.
즉, 자격지심은 스스로를 자책하거나 비판하는 감정, 자신이 부족하거나 잘못된
부분을 과도하게 의식하는 마음을 의미합니다.
이 말은 자기의 능력이나 성과에 만족하지 못하고 부족함을 느껴 스스로 낮추거
나 비판할 때 표현되는 말입니다.

• 관련된 성어
  자기비하(自欺避下) : 자신을 낮추고 자책하는 상태.
  자기부정(自己否定) : 자신의 존재나 가치를 부정하는 상태.

예문 아마 그것은 열등감에서 나오는 자격지심이었을 것이다.

自	激	之	心
스스로 자	격할 격	갈 지	마음 심

◆◇◆
자격지심 自激之心

자신을 비판하는 것만큼 우리를 약하게 만드는 것은 없다.
그 비판은 우리를 잠시 동안은 교훈을 주지만,
결국에는 자아를 갉아먹는다.

- 마야 안젤루 (Maya Angelou) -

자신을 과도하게 비판하면 잠시 깨달음을 주지만,
자아를 서서히 무너뜨리는 독이 될 수도 있습니다.

측은지심 惻隱之心

슬퍼하고[惻] 가엾어[隱] 하는[之] 마음[心]

| 남의 불행을 불쌍히 여기는 마음 |

맹자가 말한 사단(四端) 중 하나로, 측은지심이 인(仁)의 시작이라고 보았습니다. 즉, 측은지심은 남의 고통을 보고 느끼는 가엾고 슬픈 마음을 뜻합니다. 이는 인간이 본래 가지고 있는 선한 마음의 한 부분으로, 타인의 아픔에 공감하고 도움을 주려는 마음을 의미합니다.

• **관련된 성어**

동병상련(同病相憐) : 같은 병을 앓는 사람끼리 서로 불쌍히 여긴다.

인지상정(人之常情) : 인간이라면 누구나 가지는 자연스러운 감정.

자비심(慈悲心) : 자애롭고 불쌍히 여기는 마음.

예문 그들의 어려운 삶을 보니 측은지심이 생겨 도움을 주고 싶었다.

惻	隱	之	心
슬퍼할 측	가엾어 할 은	갈 지	마음 심

◆◇◆

측은지심 自激之心

우리는 사랑과 연민의 힘으로 사람을 돕는 것이 아니라,
그 사람을 이해하고 함께 고통을 느끼는 것에서
진정한 도움이 시작된다.

- 마야 안젤루 (Maya Angelou) -

측은지심의 마음은 상대방의 고통을
깊이 이해하고 함께 나누려는 마음에서 시작됩니다.

애지중지 愛之重之

사랑하여[愛][之] 중히[重] 여기다[之]

| 매우 사랑하고 소중히 여기다 |

애지중지는 특정 대상을 매우 아끼고 귀하게 여기는 마음을 표현합니다.
주로 사람, 물건, 또는 추상적인 가치를 소중히 다룰 때 사용됩니다.
예를 들어, 부모가 자식을 아끼는 마음, 소중한 물건을 귀하게 다루는 태도, 또는
어떤 가치를 존중하는 마음 등을 나타낼 수 있습니다.

• **비슷한 어휘 표현**

귀여워하다 : 사랑스럽게 여기다.

소중히 여기다 : 매우 중요하게 생각하다.

아끼다 : 사랑하거나 소중히 다루다.

예문 그 작품은 예술가가 애지중지하며 만든 결과물이다.

愛	之	重	之
사랑 애	갈 지	무거울 중	갈 지

◆◇◆
애지중지 愛之重之

우리가 사랑하는 것들은 그 자체로 우리의 일부가 된다.
그러므로 그들을 아끼고 지키는 것은
결국 나를 지키는 것이다.

- 오스카 와일드 (Oscar Wilde) -

사랑은 단순한 감정적 교류가 아니라,
존재의 깊이를 확인하고 지키려는 자기 보호의 본능과 같습니다.

오매불망 寤寐不忘

자나[寐] 깨나[寤] 잊지[忘] 못함[不]

| 깨어 있을 때나 잠잘 때나 잊지 않는다는 뜻 |

오매불망은 '잠이 깨어 있을 때나 잠들어 있을 때나 잊지 못한다'는 뜻입니다.
일반적으로 누군가를 너무 그리워하거나 어떤 일을 간절히 바라는 마음을 표현
할 때 사용하는 말입니다.
오매불망은 인간의 가장 기본적인 감정 중 하나인 애틋한 그리움을 표현하는 아
름다운 말입니다.

• 비슷한 어휘 표현

간절(懇切) : 매우 간곡하고 진지하게 바람.

사모(思慕) : 그리워하고 사랑함.

염원(念願) : 간절히 소원하거나 바람.

예문 그는 언제나 그녀를 오매불망 그리워했다.

悟	寐	不	忘
깰 오	잠잘 매	아니 불	잊을 망

◆◇◇
오매불망 悟寐不忘

사람은 언제나
내가 가장 사랑하는 것에 대한 생각을 멈출 수 없다.
그것은 나를 깨어있게 하고, 나를 잠들게 하지 않는다.

- 파블로 네루다 (Pablo Neruda) -

사람이 가장 사랑하는 것에 대한 생각을 멈추지 않는 이유는
그 사랑을 통해 내일을 살아갈 이유를 찾기 때문입니다.

일일천추 一日千秋

하루가[一][日] 천 년[千][秋] 같다

| 매우 애태우며 기다림을 비유적으로 이르는 말 |

일일천추를 직역하면 '하루가 천 년 같다'는 뜻입니다.

간절히 기다리는 마음으로 인해 시간이 아주 더디게 가는 것 같이 느껴질 때 표현하는 말입니다.

여기서 추(秋)는 가을을 뜻하지만, 비유적으로 한 해를 뜻하며, 천추(千秋) 매우 오랜 시간을 의미합니다.

• 관련된 성어

일각여삼추(一刻如三秋) : 한 순간이 삼 년처럼 길게 느껴질 정도로 몹시 애타게 기다리는 마음.

학수고대(鶴首苦待) : 학처럼 목을 길게 빼고 몹시 기다린다는 뜻.

예문 합격자 발표가 내일인데, 오늘 하루가 일일천추와 같다.

一	日	千	秋
한 일	날 일	일천 천	가을 추

◆◇◇
일일천추 一日千秋

시간은 우리가 기다릴 때 가장 느리게 흐르고,
우리가 두려워할 때 가장 빠르게 흐른다.
그러나 사랑할 때 시간은 영원이 된다.

- 존 키츠 (John Keats) -

사랑은 기다림의 시간을 넘어서 가장 소중한 것,
바로 현재를 느끼고 살아가는 것을 선물합니다.

일장일단 一長一短

하나의[一] 장점과[長] 하나의[一] 단점[短]

| 모든 것에는 장점과 단점이 있다는 뜻 |

일장일단을 직역하면 '하나의 장점과 하나의 단점'이라는 뜻입니다.

이는 어떤 사람이나 사물, 상황에 장점과 단점이 동시에 존재한다는 의미로 사용됩니다.

즉, 모든 것에는 장점과 단점이 있다는 의미로, 어떤 상황이나 사람에 대해 장점과 단점이 동시에 존재하며, 둘을 함께 고려해야 한다는 뜻입니다.

• **관련된 성어와 어휘**

이해상반(利害相半) : 이로움과 해로움이 반반이다.

양면성(兩面性) : 한 가지 사물이 가지고 있는, 서로 맞서는 두 가지 성질.

예문 두 방법 모두 일장일단이 있어 어느 것을 선택할지 고민된다.

一	長	一	短
한 일	길 장	한 일	짧을 단

174

◆◇◆
일장일단 一長一短

우리는 모두 세상의 무게를 짊어지고 있다.
하지만 그 무게를 어떻게 짊어지느냐에 따라
우리는 그 무게를 이겨낼 수도 있고, 무너지기도 한다.

- 빅토르 프랭클 (Viktor Frankl) -

모든 사람에게는 세상의 무게가 주어집니다.
그 무게를 짊어지는 방식은 결국 자신의 선택입니다.

인명재천 人命在天

사람의[人] 운명은[命] 하늘에[天] 있다[在]

| 사람 목숨의 길고 짧음은 하늘에 달려 있다 |

인명재천은 '사람의 운명은 하늘에 달려 있다'는 뜻입니다

이 표현은 사람의 생사와 운명은 결국 하늘에 있으며, 인간의 힘으로는 어찌할 수 없는 일이 있다는 것을 강조하는 말입니다.

예를 들어, 예기치 못한 사고나 질병, 자연재해 등 인간의 힘으로는 제어할 수 없는 일들에 대해 운명이나 하늘에 맡기자는 의미로 사용됩니다.

• **관련된 성어**

수명천정(壽命天定) : 사람의 수명은 하늘이 정한다는 뜻.

사생유명(死生有命) : 삶과 죽음은 명에 달려 있다는 뜻.

예문 결과는 인명재천이지만, 최선을 다하는 것이 중요하다.

人	命	在	天
사람 인	목숨 명	있을 재	하늘 천

◆◇◆

인명재천 人命在天

운명은 우연히 우리에게 다가오지 않는다.
그것은 우리와 함께 움직이고,
우리가 어떤 태도를 취하느냐에 달려 있다.

- 헤르만 헤세 (Hermann Hesse) -

운명은 결코 우리가 지배할 수 없지만,
그 운명에 대한 선택은 자신에게 있음을 알아야 합니다.

고진감래 苦盡甘來

쓴[苦] 것이 다하면[盡] 단[甘] 것이 온다[來]

| 고생 끝에 즐거운 일이 생김 |

고진감래를 직역하면 '쓴 것이 다하면 단 것이 온다'는 뜻입니다.
즉, 고생 끝에 즐거움이 찾아온다는 의미를 가진 성어입니다.
아무리 힘들고 어려운 일이라도 포기하지 않고 노력한다면 결국에는 좋은 결과
를 얻을 수 있다는 위로와 희망을 표현할 때 사용하는 말입니다.

• 관련된 성어와 속담

호사다마(好事多魔) : 좋은 일에는 항상 어려움이 따른다.

감탄고토(甘吞苦吐) : 달면 삼키고 쓰면 뱉는다.

똥밭에 박힌 월계수 : 어려운 환경에서도 자라나는 아름다움.

예문 지금은 힘들겠지만 고진감래라니, 곧 좋은 날이 올 거야.

苦	盡	甘	來
쓸 고	다할 진	달 감	올 래

◆◇◆
고진감래 苦盡甘來

우리가 겪는 고통은 지나갈 것이다.
그리고 그것이 지나간 후에
우리는 더 강해진 자신을 발견하게 될 것이다.

- 로버트 H. 슐러 (Robert H. Schuller) -

고통은 우리가 성숙해지는 기회이기도 하며,
우리가 강해지는 과정의 일부분이기도 합니다.

86
사자성어
명언 필사

창해일속 滄海一粟

넓은[滄] 바다[海]에 한 알의[一] 좁쌀[粟]

| 매우 많거나 넓은 것 가운데 섞여 있는 보잘것없는 것 |

창해일속을 직역하면 '넓은 바다에 한 알의 좁쌀'이라는 뜻입니다.
창해(滄海)는 넓고 광대한 바다를 의미하고, 일속(一粟)은 작은 좁쌀 하나를 뜻
합니다.
즉, 이 말은 큰 바다에 작은 좁쌀 한 알이 떠 있는 것처럼, 아주 작고 미미한 존재
나 사물을 비유할 때 표현하는 말입니다.

• 관련된 성어와 속담

구우일모(九牛一毛) : 아홉 마리 소 중에서 한 가닥의 털이라는 뜻.

새 발의 피 : 작은 새의 발에서 나오는 피처럼 매우 적고 하찮은 것.

예문 이 거대한 우주에서 인간의 존재는 창해일속처럼 미미하다.

滄	海	一	粟
큰 바다 창	바다 해	한 일	조 속

◆◇◆

창해일속 滄海一粟

하늘을 보면 우리는 티끌에 불과하다.
그러나 마음을 보면 우리는 우주와 같다.

- 랄프 왈도 에머슨 (Ralph Waldo Emerson) -

하늘은 우리에게 우주의 작음을 알려주지만,
마음은 우리에게 무한한 가능성이 있음을 알려줍니다.

흥진비래 興盡悲來

즐거운 일이[興] 다하면[盡] 슬픈 일이[悲] 온다[來]

| 세상일은 좋고 나쁜 일이 돌고 돈다는 것을 이르는 말 |

즐거움(興)이 다하면(盡) 슬픔(悲)이 온다(來)는 뜻입니다.

좋은 일이 있으면 나쁜 일도 있고, 인생의 기쁨과 슬픔이 돌고 돈다는 의미를 담고 있습니다.

이는 영원한 기쁨이나 슬픔은 없으며, 세상의 모든 일은 변하기 마련이라는 인생의 무상함을 표현할 때 사용합니다.

• 관련된 성어

새옹지마(塞翁之馬) : 인생의 길흉화복은 예측할 수 없다.

고진감래(苦盡甘來) : 고생이 끝나면 즐거움이 온다는 뜻.

득실상반(得失相半) : 이로움과 해로움이 서로 엇비슷함.

예문 인생은 흥진비래처럼 즐거움과 슬픔이 순환하는 것이다.

興	盡	悲	來
일 흥	다할 진	슬플 비	올 래

◆◇◆
흥진비래 興盡悲來

인생은 롤러코스터와 같다.
때로는 올라가고, 때로는 내려간다.
중요한 것은 그 여정을 즐기는 것이다.

- 월트 디즈니 (Walt Disney) -

인생은 롤러코스터처럼 오르내리지만, 중요한 것은 기쁨도,
두려움도, 고통도 우리가 살아 있다는 증거이기도 합니다.

회자정리 會者定離

만난[會] 자는[者] 헤어지도록[離] 정해져[定] 있다

| 만난 사람은 반드시 헤어지게 됨 |

모든 만남에는 반드시 이별이 따른다는 사실을 강조하는 말로, 인생의 변화와 이별을 받아들이는 철학적인 의미를 담고 있습니다.
인간관계나 상황은 영원히 지속되지 않으며, 시간이 지나면 자연스레 흩어지고 변화한다는 진리를 표현합니다.
예를 들어, 친구와의 이별, 직장이나 학교에서의 변동, 또는 어떤 관계가 끝나가는 순간에 이 말을 쓸 수 있습니다.

• **한자의 발견**

會(회) : 뚜껑이 있는 그릇에 음식이 담겨 있는 모습을 본뜬 모습으로, '모이다', '만나다'라는 뜻을 가진 글자가 되었다.

예문 회자정리를 생각하며, 지금의 만남을 더 소중히 여기기로 했습니다.

會	者	定	離
모일 회	놈 자	정할 정	떠날 리(이)

◆◇◆
회자정리 會者定離

만남이 있으면 이별도 있다.
중요한 것은 그 만남에서 무엇을 배웠느냐는 것이다.

- 기욤 아폴리네르 (Guillaume Apollinaire) -

모든 만남은 언젠가 이별을 맞이하지만,
이별이 남긴 흔적은 또 다른 인생의 경험을 선물합니다.

지록위마 指鹿爲馬

사슴을[鹿] 가리켜[指] 말이라고[馬] 한다[爲]

| 윗사람을 농락하여 권세를 제 마음대로 휘두르는 짓 |

지록위마는 중국 고사성어로, 직역하면 사슴을 가리켜 말이라고 한다는 뜻입니다. 이 말은《사기(史記)》에 나오는 이야기에서 유래되었습니다.

진나라의 권신 조고(趙高)가 황제의 권위를 시험해보기 위해 사슴을 바치며 "말"이라고 주장한 데서 비롯된 표현입니다. 이는 사실을 왜곡하거나 권력을 남용하여 진실을 호도하는 행위를 비유적으로 이르는 말로 사용됩니다.

• 관련된 성어

곡학아세(曲學阿世) : 학문을 왜곡하여 세상에 아첨한다는 뜻.

아유취신(阿諛取信) : 아첨하여 남의 신임을 얻는다는 뜻.

예문 지록위마처럼 거짓을 진실로 둔갑시키는 정치인들을 경계해야 한다.

指	鹿	爲	馬
가리킬 지	사슴 록	될 위	말 마

◆◇◆
지록위마 指鹿爲馬

거짓은 한때는 쉽게 넘을 수 있는 장애물이지만, 시간이 지나면
그것은 결국 사람들이 보지 않으려 했던 진실을 밝히게 만든다.
진실은 항상 밝혀지기 마련이다.

- 마틴 루터 킹 (Martin Luther King) -

중요한 것은 거짓을 쫓고 진실을 찾는 것이 아니라,
거짓 속에서도 진실을 볼 수 있는 눈을 기르는 것입니다.

옥석구분 玉石俱焚

옥과[玉] 돌을[石] 함께[俱] 태운다[焚]

| 옳은 사람이나 그른 사람의 구별 없이 함께 멸망함 |

옥과 돌을 함께 태운다는 뜻으로, 좋은 것과 나쁜 것을 구별하지 않고 모두 다 함께 망친다는 의미입니다.

이 말은 주나라 무왕(武王)이 은나라 주왕(紂王)을 정벌할 때, 악정(惡政)으로 인해 선한 사람과 악한 사람이 모두 고통 받는 상황을 비유한 것에서 유래한 말입니다.

실제로 좋은 것과 나쁜 것, 옳은 것과 그릇 것을 구분해야 한다는 뜻으로, '옥석을 가려야 한다'는 표현으로 자주 사용합니다.

• 한자의 발견 ─────

焚(분) : 화(火)와 림(林)이 결합하여, 숲에 불을 놓아 사냥한다는 의미에서 '불사르다', '불태우다', '타다'라는 뜻을 가지게 되었다.

─────

예문 정치적 혼란이 계속되면 옥석구분이 될 수 있으니 조심해야 한다.

玉	石	俱	焚
구슬 옥	돌 석	함께 구	불태울 분

◆◇◆

옥석구분 玉石俱焚

거짓은 불을 붙이는 것이고, 진실은 그것을 끄는 것이다.
둘을 섞으면 모두가 피해를 입는다.

- 마하트마 간디 (Mahatma Gandhi) -

불이 물속에 떨어지면 꺼지지 않고 더 큰 혼란을 일으키듯,
거짓은 진실을 감추려 할 뿐만 아니라 그 자체를 파괴할 뿐입니다.

91
사자성어
명언 필사

사고무친 四顧無親
사방을[四] 둘러보아도[顧] 친한[親] 사람이 없다[無]

| 의지할 만한 사람이 아무도 없다 |

사고무친은 '사방을 둘러보아도 친한 사람이 없다'는 뜻입니다.
주로 고립된 상황이나 의지할 곳이 없는 외로운 상태를 나타낼 때 사용됩니다.
예를 들어, 주변에 아무도 도와줄 사람이 없을 때, 친구나 가족이 없어 외롭게 느껴질 때, 힘든 상황에서 의지할 데가 없는 상황을 표현할 때 쓰입니다.

• 관련된 성어 ─────

고립무원(孤立無援) : 외롭게 홀로 있어 도움을 받을 곳이 없음.

풍찬노숙(風餐露宿) : 바람과 이슬을 맞으며 떠도는 처지.

혈혈단신(孑孑單身) : 의지할 곳 없이 혼자 외롭게 살아가는 모습.

예문 사업 실패 후 모든 사람이 등을 돌려, 그는 사고무친이 되었다.

四	顧	無	親
넉 사	돌아볼 고	없을 무	친할 친

◆◇◇
사고무친 四顧無親

우리는 모두 우리 자신의 몸속에서
평생을 홀로 갇혀 살아가도록 선고받은 존재다.

- 테네시 윌리엄스 (Tennessee Williams) -

때로는 혼자 있다는 것은, 외로워지기 위해서가 아니라,
온전히 자기 자신이 되는 시간을 즐기기 위해서입니다.

전무후무 前無後無

앞에도[前] 없고[無] 뒤에도[後] 없다[無]

| 전에도 없었고 앞으로도 있을 수 없음 |

전무후무를 직역하면 '앞에도 없고 뒤에도 없다'는 뜻입니다.
비교할 대상이 없을 정도로 뛰어난 업적이나 특별한 사건을 설명할 때 사용됩니다.
예를 들어, 역사에 남을 위대한 업적이나 기록, 다시 나오기 힘든 인물이나 존재나, 극단적이거나 유례없는 사건 등의 상황을 표현할 때 쓰입니다.

• 관련된 성어 ───────

공전절후(空前絕後) : 지금까지도 없었고 앞으로도 있을 수 없음.

천재일우(千載一遇) : 천 년에 한 번 있을까 말까 한 특별한 기회.

광전절후(曠前絕後) : 전에도 없었고 앞으로도 있을 수 없음.

예문 그 선수는 한 시즌에 70골을 넣으며 전무후무한 기록을 세웠다.

前	無	後	無
앞 전	없을 무	뒤 후	없을 무

◆◇◆
전무후무 前無後無

길이 있는 곳으로 가지 말고,
길이 없는 곳으로 가서 발자취를 남겨라.

- 랄프 왈도 에머슨 (Ralph Waldo Emerson) -

내 마음이 이끄는 길을 따라가야 합니다.
그 길은 곧 누군가의 새로운 시작이 될 것이기 때문입니다.

물실호기 勿失好機

좋은[好] 기회를[機] 놓치지[失] 말라[勿]

| 좋은 기회를 놓치지 않음 |

물실호기를 직역하면 '좋은 기회를 놓치지 말라'는 뜻입니다.
즉, 좋은 기회가 찾아왔을 때 주저하지 않고 적극적으로 행동해야 함을 표현할
때 사용하는 말입니다.

• 한자의 발견

勿(물) : '말다', '아니다'라는 뜻을 가진 글자이며, '말다'라고 하는 것은 '˜하지 말라'
는 뜻이다. 본래 칼에 피가 묻은 모양을 본뜬 글자인데, 후에 단죄(斷罪)했다는 의미
로 전용되어 금자의 의미인 '하지 말라'는 뜻으로 사용되고 있다.

好(호) : 여자가 아이를 안고 있거나 남녀가 서로 안고 있어 '좋다', '아름답다', '사랑
한다'는 뜻이 생성되었다.

예문 이번 프로젝트는 물실호기로, 최선을 다해 준비하자.

勿	失	好	機
말 물	잃을 실	좋을 호	베틀 기

◆◇◆
물실호기 勿失好機

기회는 항상 우리 앞에 놓여 있지만,
그것을 인식하고 잡을 수 있는 사람만이 성공한다.
기회가 오는 순간, 그것을 놓치지 않도록 준비된 마음을 가져야 한다.
기회는 지나간 후에는 다시 돌아오지 않기 때문이다.

- 지그 지글러 (Zig Ziglar) -

기회를 놓치지 않기 위해 언제나 준비를 해놓아야 합니다.
기회는 준비된 자에게만 찾아오기 때문입니다.

전도유망 前途有望

앞[前]길에[途] 희망이[望] 있다[有]

| 앞으로 발전하고 성공할 가능성과 희망이 있음 |

전도유망을 직역하면 '앞길에 희망이 있다'는 뜻입니다.

여기서 전도(前途)는 앞길, 미래를 의미하고, 유망(有望)은 희망이나 기대가 있다는 의미입니다.

이 말은 어떤 사람이 앞으로 성공할 가능성이 크거나, 좋은 일이 일어날 가능성이 높을 때 사용됩니다.

• **관련된 성어**

전도유위(前途有爲) : 앞으로 발전하고 성공할 가능성과 희망이 있음.

전도양양(前途洋洋) : 앞날이 희망차고 전망이 밝다.

만리전정(萬里前程) : 젊은이의 희망에 찬 앞길.

예문 그는 전도유망한 젊은 연구원으로, 앞으로 큰 업적을 남길 가능성이 크다.

前	載	有	望
앞 전	길 도	있을 유	바랄 망

◆◇◆

전도유망 前途有望

위대한 일을 성취하려면 두 가지를 해야 한다.
첫째, 자신의 능력을 믿고,
둘째, 그 능력을 믿는 만큼 행동하라.

- 헨리 포드 (Henry Ford) -

자신을 믿는 마음이 꿈의 시작이라면,
그 믿음을 실천하는 행동이 꿈을 현실로 만드는 길입니다.

철두철미 徹頭徹尾

머리부터[頭] 꼬리까지[尾] 통하다[徹]

| 처음부터 끝까지 빈틈없고 철저하게 |

철두철미는 '머리부터 꼬리까지 통하다' 또는 '시작부터 끝까지 철저하다'는 뜻입니다.

여기서 철두(徹頭)는 머리까지 철저하게, 철미(徹尾)는 꼬리까지 철저하게 의미로, 어떤 일을 시작부터 끝까지 빈틈없이 철저하게 완수하는 것을 의미합니다.

즉, 철저한 계획과 실행, 완벽한 준비와 실행을 표현할 때 사용하는 말입니다.

• 관련된 성어

철상철하(徹上徹下) : 처음부터 끝까지 빈틈없고 철저하게.

완벽무결(完璧無缺) : 완벽하고 흠이 없다는 뜻.

시종일관(始終一貫) : 처음부터 끝까지 한결같이.

예문 그는 철두철미 자신의 원칙을 지켰다.

徹	頭	徹	計
통할 통	머리 두	통할 통	꼬리 미

◆◇◆

철두철미 徹頭徹尾

완벽을 추구하는 것이 아니라,
완벽하게 할 수 있을 때까지 계속 노력하는 것이다.

- 마하트마 간디 (Mahatma Gandhi) -

완벽은 하루아침에 이루어지는 것이 아니라,
조금씩 노력하다 보면 완벽함에 이르게 되는 것입니다.

선견지명 先見之明

먼저[先] 보는[見] 밝음[明]

| 다가올 일을 미리 짐작하는 밝은 지혜 |

선견지명은 '앞을 먼저 내다보는 밝은 지혜'라는 뜻입니다.
즉, 미래를 내다볼 수 있는 지혜를 의미합니다.
앞으로 일어날 일을 예측하고 대비할 수 있는 능력을 가리키며, 주로 지혜롭고
통찰력이 있는 사람을 칭찬할 때 사용합니다.

• 관련된 성어
지여지기(知五之器) : 미리 알아차리는 능력을 가진 사람이라는 뜻
명견만리(明見萬里) : 만 리(遠方)까지 환히 내다본다는 뜻.

예문 정치 지도자는 국민의 안녕을 위해 선견지명을 가지고 정책을 수립해야
한다.

先	見	之	明
앞설 선	볼 견	갈 지	밝을 명

◆◇◆

선견지명 先見之明

과거를 돌아보지 않는 자는 같은 실수를 반복하고,
미래를 대비하지 않는 자는 발전할 수 없다.

- 조지 산타야나 (George Santayana) -

과거를 돌아보고 미래를 준비하는 사람이
실수를 반복하지 않고 지속적으로 발전할 수 있습니다.

천정부지 天井不知

하늘의[天] 우물을[井] 알지[知] 못한다[不]

| 물건 값 따위가 자꾸 오르기만 함을 비유한 말 |

천정부지를 직역하면 '하늘의 천장에 한계가 없다'는 뜻입니다.
여기서 천정(天井)은 하늘을 뜻하고, 불지(不知)는 알지 못한다는 의미로, 하늘의 높이를 알 수 없듯이 한계나 끝을 알 수 없는 상태를 나타냅니다.
보통 가격이나 상황, 정도 등이 극단적으로 높거나 지나치게 계속해서 상승하는 경우에 표현합니다.

• **한자의 발견**

知(지) : 아는 것을 입으로 말하는 것이 화살처럼 빠르다는 의미에서 '알다'는 의미가 생성되었다.

知覺(지각) : 알아서 깨달음. 또는 그런 능력.

예문 물가가 천정부지로 오르고 있어서 생활이 어려워졌다.

天	井	不	知
하늘 천	우물 정	아닐 부	알 지

◆◇◆

천정부지 天井不知

인간의 욕망은 무한히 성장한다.
그것이 바로 인간을 발전하게 만들기도 하지만,
때로는 그 성장에 끝이 없다는 사실을 잇게 만든다.

- 플라톤 (Plato) -

욕망은 자아를 확장하는 힘을 제공하지만,
더 많은 것을 소유하려는 집착에 빠지게도 합니다.

등고자비 登高自卑

높은[高] 곳에 오를수록[登] 자신을[自] 낮춘다[卑]

| 높은 곳에 오르기 위해서 낮은 곳에서부터 시작한다는 뜻 |

등고자비는 '높은 곳에 오를수록 자신을 낮춘다'는 뜻이며, 높은 곳에 오르고자
하면, 스스로 낮은 곳에서 시작해야 한다는 의미입니다.
이 표현은 큰 목표나 성취를 이루려면, 차근차근 밑바닥부터 시작해야 한다는
교훈을 담고 있는 말입니다.
즉, 성공이나 높은 지위에 이르렀을 때 오만해지지 않고, 오히려 더 겸손하게 행
동해야 함을 표현할 때 사용합니다.

• 관련된 속담

천 리 길도 한 걸음부터 : 큰 목표를 이루려면, 한 발짝 한 발짝 시작해야 한다.

예문 자기 발전을 위해서는 등고자비의 마음가짐을 가지고 꾸준히 노력해야
한다.

登	高	自	卑
오를 등	높을 고	스스로 자	낮을 비

◆◇◆
등고자비 登高自卑

어떤 일도 처음부터 끝까지 큰 목표만 바라보지 말고,
작은 일에서부터 차근차근 나아가야 한다.
그 과정에서 얻는 경험이 진정한 성장을 이끈다.

- 로버트 콜리어 (Robert Collier) -

성공은 큰 목표를 향해 가는 길이 아니라,
그 길을 걸어가는 하나하나의 경험에 숨어 있습니다.

자업자득 自業自得

자기가[自] 한 일을[業] 자기가[自] 얻는다[得]

| 자기가 저지른 일의 결과를 스스로가 돌려받음 |

자업자득은 '자기가 한 일을 자기가 얻는다'는 뜻입니다.
즉, 자신이 한 행동의 결과를 자기 스스로 책임져야 한다는 의미입니다.
이 표현은 좋은 결과든 나쁜 결과든, 자신의 행동에 따른 결과를 그대로 돌려받는 상황에서 사용됩니다. 주로 부정적인 의미로 많이 쓰이게 되는 말입니다.

• 관련된 성어

자승자박(自繩自縛) : 자기가 한 말이나 행동 때문에 스스로를 옭아매는 것.
인과응보(因果應報) : 원인과 결과에 따라 반드시 보답을 받는다는 뜻.
자화자찬(自畵自讚) : 자기가 그린 그림을 스스로 칭찬한다는 뜻.

예문 시험공부를 하나도 안 했으니 떨어지는 것도 자업자득이다.

自	業	自	得
스스로 자	일 업	스스로 자	얻을 득

◆ ◇ ◆

자업자득 自業自得

모든 선택은 그에 따른 책임을 요구한다.
자신의 행동을 정당화하기보다는
그 결과를 받아들일 줄 알아야 한다.

- 데니스 웨이틀리(Denis Waitley) -

우리가 어떤 길을 가든, 어떤 결정을 하든,
그에 따른 책임을 기꺼이 받아들여야 한다는 것입니다.

동병상련 同病相憐

같은[同] 병을[病] 앓는 사람끼리 서로[相] 불쌍히[憐] 여긴다

| 어려운 처지에 있는 사람끼리 서로 동정하고 도움 |

동병상련은 '같은 병을 앓는 사람끼리 서로 불쌍히 여긴다'는 뜻입니다.
즉, 같은 처지에서 고통을 겪는 사람들끼리 서로의 아픔을 이해하고 동정하는
마음을 가진다는 의미입니다.
이 표현은 비슷한 어려움이나 고난을 겪은 사람들은 서로의 아픔을 더 깊이 공
감하고 위로할 수 있는 상황에 표현합니다.

• 한자의 발견

相(상) : 나무에 올라가서 눈으로 먼 곳을 본다는 의미에서 '보다'는 뜻이 생성되었으
며, 후에 함께 본다는 것에서 '서로'와 보고 돕는다는 것에서 '돕다'라는 뜻을 가지게
되었다.

[예문] 경제적으로 힘든 시기를 겪는 사람들끼리 동병상련의 마음으로 서로 돕는
다.

同	病	相	憐
같을 동	질병 병	서로 상	불쌍히 여길 련

동병상련 同病相憐

아픔은 그 자체로 의미를 찾을 수 없지만,
그 아픔을 이해하고 받아들이는 과정에서 우리는 강해지고,
나아가 다른 이들의 아픔을 공감할 수 있는 능력을 얻는다.
그것이 바로 인간을 위대한 존재로 만드는 과정이다.

- 마야 안젤루 (Maya Angelou) -

우리가 겪는 아픔은 우리를 더 큰 사랑과
공감의 능력을 가진 사람으로 만들어 가는 것입니다.

안하무인 眼下無人

눈[眼] 아래에[下] 사람이[人] 없다[無]

| 방자하고 교만하여 다른 사람을 업신여김 |

안하무인은 '눈 아래에 사람이 없다'는 뜻입니다.

자기 자신을 과도하게 자랑하거나, 남을 무시하고 교만하게 행동하는 태도를 나타내는 사자성어입니다.

주로 자기만을 중요하게 여기고, 다른 사람들의 존재나 의견을 전혀 고려하지 않는 사람에게 사용됩니다.

• 관련된 성어 ─────

방약무인(榜若無人): 곁에 사람이 없는 것처럼 거리낌 없이 함부로 말하고 행동함.

오만방자(午慢放恣): 조심스러워하는 태도가 없이 건방지거나 거만하다.

예문 그는 안하무인으로 회사 내에서 자신의 말만 옳다고 주장하고, 다른 직원들의 의견을 무시했다.

眼	下	無	人
눈 안	아래 하	없을 무	사람 인

◆◇◆

안하무인 眼下無人

자기 자신을 지나치게 높이 평가하는 사람은
결국 다른 사람들을 경멸하게 되고,
그 경멸은 자신을 고립시키는 결과를 낳는다.

- 프리드리히 니체 (Friedrich Nietzsche) -

자신을 높인다고 성장이 이루어지지 않습니다.
진정한 성장은 타인을 존중하는 것에서부터 출발합니다.

기고만장 氣高萬丈

기운이[氣] 만[萬] 장[丈] 높다[高]

| 우쭐하여 뽐내는 기세가 대단함 |

기고만장은 '기운이 만 장이나 높다는' 뜻입니다.

이 표현은 자기 자신에 대한 자만심이나 교만을 나타내며, 자기 자신을 지나치게 높게 평가하는 태도를 의미합니다.

자신의 위치나 능력을 지나치게 과시하거나 자만할 때, 예를 들어, 승진 후 자신의 권위를 남용하거나 다른 사람을 깔보는 태도를 보일 때 사용됩니다.

• 관련된 성어 ────

  오만불손(午慢不遜) : 오만하고 불손하다는 뜻.

  오만방자(午慢放恣) : 조심스러워하는 태도가 없이 건방지거나 거만하다.

예문 그는 최근 승진 후 기고만장해져서 동료들의 의견을 전혀 듣지 않으려 한다.

氣	高	萬	丈
기운 기	높을 고	일만 만	길이 장

◆◇◆
기고만장 氣高萬丈

자기 자신을 과대평가하고 자만하는 사람은
결국 다른 이들과의 연결을 잃게 된다.
진정한 성공은 타인과의 조화와 존중 속에서 이루어지며,
자만은 그 모든 것을 파괴한다.

– 존 C. 맥스웰 (John C. Maxwell) –

우리가 진정으로 얻어야 할 것은 자랑이 아니라,
그 자리에 함께할 수 있는 사람들과의 관계와 존중입니다.

견리사의 見利思義
이익을[利] 보면[見] 의를[義] 생각하라[思]

| 눈앞의 이익을 보면 먼저 의를 생각함 |

견리사의는 '이익을 보면 의를 생각하라'는 뜻입니다.
이 표현은 이익을 추구할 때, 그것이 도덕적으로 옳은지, 정의로운지를 먼저 고려해야 한다는 교훈을 담고 있습니다.
즉, 이익을 추구하는 과정에서 도덕적 기준이나 의리를 저버리지 말라는 의미로, 인간관계나 사회적 책임에서의 올바른 선택을 강조하는 말입니다.

• 관련된 성어

견리망의(見利忘義) : 눈앞에 이익이 보이면 의리를 저버림.

의리분명(義利分明) : 의리와 이익을 분명히 구별하다.

예문 어려운 상황에서도 견리사의를 지키며 결정한 그의 선택이 존경받았다.

見	利	思	義
볼 견	이로울 리	생각 사	옳을 의

◆◇◆
견리사의 見利思義

무엇을 하든, 항상 그 일이 나와 타인에게 미칠 영향을 고려하라.
일시적인 이득을 쫓기보다는, 그 선택이 장기적으로 옳은지,
도덕적인지 따져보는 것이 중요하다.
순간의 이익보다는 지속적인 가치가 더 중요하다.

- 세네카 (Seneca) -

삶의 진정한 기쁨은 순간적인 것이 아닌,
그 선택이 만들어내는 오래된 가치와 의미에서 찾아집니다.

전거복철 前車覆轍

앞에[前] 간 수레가[車] 뒤집힌[覆] 바퀴자국[轍]

| 앞의 실패를 본보기 삼아 주의함을 이르는 말 |

전거복철의 뜻은 앞 차가 엎어진 자국을 보고 뒷 차가 같은 실수를 반복하지 않도록 경계한다는 의미입니다.
이 표현은 주로 실패나 실수에서 배운 교훈을 강조할 때 사용됩니다.
예를 들어, 누군가 과거에 실패한 일을 반복하려 할 때 그 실패를 돌아보며 같은 실수를 하지 않도록 경고할 때 사용할 수 있습니다.

• 관련된 성어

반면교사(反面敎師): 본이 되지 않는 남의 말이나 행동이 도리어 자신의 인격을 수양하는 데 도움을 주는 경우를 이르는 말.

예문 그는 전거복철의 경험을 통해 실수를 반복하지 않겠다고 다짐했다.

前	車	覆	轍
앞 전	수레 거	뒤집힐 복	바퀴자국 철

◆◇◆

전거복철 前車覆轍

역사에서 배우지 못한 사람들은 같은 실수를 반복할 운명이다.
역사는 우리에게 변해야 한다고 가르치며,
그 실수를 반복하지 않기 위해선
그것을 인식하는 것이 유일한 방법이다.

- 존 F 케네디 (John F. Kennedy) -

실수를 마주하는 것은 두려울 수 있지만, 그 실수를
인정하는 순간, 우리는 진정한 성장을 시작할 수 있습니다.

자수성가 自手成家

자신의[自] 손으로[手] 집을[家] 이루다[成]

| 물려받은 재산이 없이 자기 힘으로 살림을 이루고 재산을 모음 |

자수성가를 직역하면 '자신의 손으로 집을 이루다'는 뜻입니다.

여기서 자수(自手)는 자신의 손을 뜻하며, 성가(成家)는 집을 이루다는 뜻입니다.

이 말은 부모의 경제적 도움 없이 독립적으로 성공한 사람을 칭찬할 때 표현하며, 특히 사업가나 전문직 종사자 등이 자신의 노력으로 성공한 경우에 자주 쓰입니다.

• 관련된 성어

자립갱생(自立更生) : 스스로 일어나 다시 삶을 일군다는 뜻.

자력갱생(自力更生) : 자신의 힘으로 다시 삶을 일군다는 뜻.

자립자강(自立自強) : 스스로 일어나고 스스로 강해진다는 뜻.

예문 자수성가한 기업가들의 이야기는 많은 사람들에게 희망을 준다.

自	手	成	家
스스로 자	손 수	이룰 성	집 가

◆◇◆
자수성가 自手成家

자수성가한 사람이란,
특수한 어려움 속에서도 보통의 도움 없이
지식과 유용성, 힘과 지위를 얻은 사람들이다.

- 프레드릭 더글러스 (Frederick Douglass) -

스스로 쌓아 올린 탑은 쉽게 무너지지 않습니다.
그것은 오랜 시간 피와 땀으로 다져진 뿌리를 가졌기 때문입니다.

입신양명 立身揚名

몸을[身] 세워[立] 이름을[名] 드높이다[揚]

| 출세하여 세상에 이름을 떨침 |

입신양명은 '몸을 세워 이름을 드높이다'는 뜻으로, 입신(立身)은 몸을 세우다는 뜻이며, 양명(揚名)은 이름을 드높이다는 뜻입니다.
즉, 자신의 역량을 키워 사회적으로 성공하고 명성을 떨치는 것을 의미합니다.
주로 학문이나 사업, 정치 등의 분야에서 큰 성취를 이루고 이름을 널리 알리는 경우에 사용됩니다.

• **관련된 성어**

출세입신(出世立身) : 세상에 나와 몸을 세우다.

명성천하(名聲天下) : 이름이 천하에 퍼지다.

예문 그는 학문과 덕행으로 입신양명했다.

立	身	揚	名
설 립	몸 신	날릴 양	이름 명

◆◇◆
입신양명 立身揚名

명성을 얻기 위해 노력하지 말고
가치 있는 사람이 되기 위해 노력하세요.
진정한 성공과 명예는 계급이 아니라 인격에서 비롯됩니다.

– 알버트 아인슈타인 (Albert Einstein) –

인생에서 중요한 것은 높은 자리에 오르는 것이 아니라,
그 자리에서 어떤 사람으로 살아가는 가에 있습니다.

침소봉대 針小棒大

바늘은[針] 작고[小] 몽둥이는[棒] 크다[大]

| 작은 것을 크게 부풀려서 말하다 |

침소봉대를 직역하면 '바늘은 작고 몽둥이는 크다'는 뜻입니다.

즉, 작은 일이나 사소한 일을 지나치게 확대하거나 과장하는 경우에 사용됩니다.

일의 본질은 작고 사소한데, 그것을 지나치게 부풀려서 이야기하는 태도나 행동을 비판할 때 표현합니다.

• 관련된 성어

허언망설(虛言妄說) : 거짓말과 허튼 소리를 하다.

과장망언(誇張妄言) : 사실을 크게 부풀려 허황되게 말하다.

대소과언(大小過言) : 크고 작은 일을 지나치게 말하다.

예문 그는 사소한 실수를 침소봉대하여 모두에게 크게 떠들었다.

針	小	棒	大
바늘 침	작을 소	몽둥이 봉	큰 대

◆◇◆

침소봉대 針小棒大

작은 문제가 커져서 큰 걱정이 될 때,
우리는 그것을 해결하려는 노력보다
문제를 과장하는 데 더 많은 에너지를 소비한다.

- 스티븐 R. 코비 (Stephen R. Covey) -

우리가 해야 할 일은 걱정에 더 이상 에너지를 쏟지 않고,
그 문제를 해결하기 위한 지혜와 용기를 찾는 일입니다.

청천벽력 靑天霹靂

푸른[靑] 하늘에[天] 날벼락[霹][靂]

| 뜻밖에 일어난 큰 변고나 사건을 비유적으로 이르는 말 |

청천벽력을 직역하면 '푸른 하늘에 날벼락'이라는 뜻으로, 예상치 못한 돌발적인 사건이나 충격적인 소식을 비유하는 사자성어입니다.
갑작스러운 충격 소식이나, 예기치 못한 불행이나 사고 등 주로 부정적인 상황에서 사용되며, 갑작스럽고 충격적인 사건을 강조하는 표현입니다.

• 관련된 표현

날벼락 맞다 : 예상치 못한 불행한 일을 당할 때.

하늘이 무너지는 듯하다 : 엄청난 충격을 받을 때.

예문 회사가 하루아침에 도산했다는 소식은 직원들에게 청천벽력이었다.

靑	天	霹	靂
푸를 청	하늘 천	벼락 벽	벼락 력

◆◇◆
청천벽력 靑天霹靂

세상이 무너지는 듯한 순간이 오히려
새로운 길을 여는 경우가 많다.

- 파울로 코엘료(Paulo Coelho) -

삶은 우리가 계획한 대로만 흐르지 않으며, 때로는
가장 가혹한 순간이 더 넓은 길로 이끄는 신호일 수 있습니다.

개과천선 改過遷善

잘못을[過] 고치고[改] 착하게[善] 되다[遷]

| 지난날의 잘못을 뉘우치고 고쳐 착하게 됨 |

개과천선을 직역하면 '잘못을 고치고 착하게 되다'는 뜻입니다.
여기서 개과(改過)는 과거의 잘못이나 실수를 고치는 것을 뜻하며, 천선(遷善)
은 선(善)한 길로 나아가려는 노력을 말합니다.
즉, 과거의 잘못을 뉘우치고 반성하여 더 나은 사람으로 변화하려는 노력을 의
미합니다.

• 관련된 표현

회개(悔改) : 잘못을 뉘우치고 바로잡음.

쇄신(刷新) : 과거의 나쁜 점을 없애고 새롭게 변화함.

자숙(自肅) : 자신이 하는 말과 행동을 스스로 조심함.

[예문] 그는 한때 방황했지만, 지금은 개과천선하여 성실한 사람이 되었다

改	過	遷	善
고칠 개	틀릴 과	옮길 천	착할 선

◆◇◆

개과천선 改過遷善

과거를 돌아보며 후회하는 것은 누구나 할 수 있다.
그러나 과거에서 배워 더 나은 사람이 되려는 것은
현명한 사람만이 할 수 있다.

- 조지 버나드 쇼 (George Bernard Shaw) -

어제의 나를 반성하고, 오늘의 나를 다듬으며 걸어가야 합니다.
과거는 후회의 시간이 아니라, 성장의 시간이 되기 때문입니다.

읍참마속 泣斬馬謖

울면서[泣] 마속을[馬][謖] 처형하다[斬]

| 원칙을 위하여 자기가 아끼는 사람을 버림 |

제갈량은 북방 정벌을 위해 위(魏)나라와의 전쟁을 준비 중이었습니다. 그는 전략적 요충지인 가정(街亭)을 지키는 임무를 자신의 신뢰하는 부하 마속에게 맡겼습니다.

그러나 마속은 제갈량의 지시를 무시하고 산 위에 진을 쳤다가 위나라 장수 사마의(司馬懿)에게 대패했습니다.

이로 인해 촉의 군은 큰 손실을 입었고, 제갈량은 마속의 실패로 인해 군법을 어겼다는 이유로 그를 처형했습니다.

이 이야기는 법과 원칙을 중시하는 리더십과 개인적 감정보다 공적인 책임을 우선시하는 자세를 보여주는 것입니다.

예문 회사는 읍참마속의 자세로 부정을 저지른 직원을 해고했다.

泣	斬	馬	謖
울 읍	벨 참	말 마	일어날 속

◆◇◆

읍참마속 泣斬馬謖

정의는 때로 냉정함을 요구한다.
감정에 휘둘리는 정의는 곧 불의가 된다.

- 몽테스키외(Charles de Montesquieu) -

따뜻한 마음만으로는 정의를 지킬 수 없습니다.
정의가 빛을 발하기 위해서는 때로는 냉정함이 필요합니다.

가렴주구 苛斂誅求

가혹하게[苛] 거두고[斂], 강요하며[誅] 벌주다[求]

| 세금을 가혹하게 거두거나 백성들을 착취하고 억압하는 행위 |

가렴주구는 직역하면 '가혹하게 거두고, 강요하며 벌주다'라는 뜻입니다.
이 말은 가혹하게 세금을 징수하거나, 백성들을 착취하고 억압하는 행위를 비유
적으로 나타냅니다.
특히, 권력을 가진 자가 약자를 탄압하고 이익을 강제로 빼앗는 모습을 표현할
때 사용됩니다.

• 관련된 성어 ─────
 탐관오리(貪官汚吏) : 탐욕스러운 관리와 부패한 관리.
 백골징포(白骨徵布) : 백골이 된 시체에게도 베를 징수한다.
 호시탐탐(虎視眈眈) : 기회를 틈타 이익을 취하려는 태도.

예문 정부가 지나친 세금을 부과하면 가렴주구라는 비판을 피할 수 없다.

苛	斂	誅	求
가혹할 가	거둘 렴 (염)	벨 주	구할 구

◆◇◆
가렴주구 苛斂誅求

탐욕스러운 통치자들은 단기적으로 이익을 얻을지 몰라도,
결국에는 자신이 지배하는 백성들에게 의해 심판받는다.

- 존 애덤스 (John Adams) -

부당한 권력은 영원하지 않으며,
그 힘을 쥐고 빼앗을 자는 결국 국민입니다.

호가호위 狐假虎威

여우가[狐] 호랑이의[虎] 위세를[威] 빌리다[假]

| 남의 권세를 빌려 위세를 부림을 비유적으로 이르는 말 |

호가호위는 '여우가 호랑이의 위세를 빌리다'는 뜻입니다.
이 말은 여우가 호랑이의 힘을 빌려 자신을 위협적으로 보이려 한다는 뜻으로,
약자가 강자의 권위를 빌려 허세를 부리는 상황을 비유한 말입니다.
즉, 자신에게는 권력이 없지만, 남의 권세를 빌려 위협하거나 이득을 취하는 상황을 비판할 때 표현하는 말입니다.

• 관련된 성어

의기양양(倚強揚揚) : 강한 자를 의지하여 뽐내다.

승세(乘勢) : 세력을 믿고 덤빔.

예문 그는 호가호위처럼 상사의 권한을 빌려 동료들을 윽박지른다.

狐	假	虎	威
여우 호	거짓 가	범 호	위엄 위

◆◇◆

호가호위 狐假虎威

남의 위세를 빌려 거들먹거리는 것은,
모래성 위에 집을 짓는 것과 같다.
처음엔 화려해 보일지 몰라도,
한순간의 파도에 의해 흔적도 없이 사라지고 만다.

— 마키아벨리 (*Niccolò Machiavelli*) —

내면을 단단히 다지고, 세워가는 법을 배워야 합니다.
그것이 진정으로 오래 남을 집을 짓는 길이기 때문입니다.

도탄지고 塗炭之苦

진흙과[塗] 숯의[炭] [之] 고통[苦]

| 진구렁에 빠지고 숯불에 타는 듯한 극심한 고생 |

도탄지고는 '진흙에 빠져서 불 속에서 고통을 겪다'라는 뜻입니다.
이 표현은 극심한 고통이나 어려움을 비유적으로 나타내는 말로, 특히 백성들이
전쟁이나 재난 등으로 인해 겪는 고통을 의미합니다.
여기서 도탄(塗炭)은 '진흙에 빠지고 불 속에 빠진'상태를 뜻하며, 도(塗)는 진
흙, 탄(炭)은 불을 의미합니다.

• **한자의 발견**

塗(도) : 土(흙 토)와 涂(도랑 도)가 결합한 모습으로, 본래 강 이름을 뜻하기 위해 만
든 글자였지만, 강 주변에 진흙이 많았는지 후에 '진흙'을 뜻하게 되었다.

예문 경제위기 속에서 도탄지고의 상황에 놓인 많은 가정이 도움을 필요로 한
다.

塗	炭	之	苦
진흙 도	숯 탄	갈 지	괴로울 고

◆◇◆
도탄지고 塗炭之苦

극한의 고통을 겪지 않는 한,
인생의 진정한 가치를 알 수 없다.
그것은 모든 사람에게 주어진 시험이다.

- 헨리 데이비드 소로 (Henry David Thoreau) -

인생의 진정한 가치는 바로 그 고통을 이겨내고 나서야
비로소 손에 쥘 수 있다는 사실을 잊지 말아야 합니다.

자급자족 自給自足

스스로[自] 공급하고[給] 스스로[自] 충족한다[足]

| 필요한 물건이나 자원 따위를 스스로의 생산으로 충당함 |

자급자족은 '스스로 공급하고(自給) 스스로 충족하다(自足)'는 뜻입니다.
즉, 외부의 도움 없이 자신의 필요를 스스로 충족시킨다는 뜻을 내포하고 있습니다.
이 말은 경제적, 물질적 독립을 강조하는 표현으로 많이 사용됩니다.

• 관련된 성어

자력갱생(自力更生) : 자기 힘으로 살아가며 자립하는 것.

자주독립(自主獨立) : 스스로 주체적으로 독립한다.

자립자강(自立自强) : 스스로 일어서고 스스로 강해진다.

예문 그는 농업에 종사하면서 자급자족의 삶을 실천하고 있다.

自	給	自	足
스스로 자	넉넉할 급	스스로 자	발 족

◆◇◆
자급자족 自給自足

자신이 의지할 수 있는 것은 오직 자기 자신뿐이다.
외부의 도움을 받지 않고도 살아갈 수 있는 힘을 길러야 한다.
진정한 자립은 외부의 도움을 구하지 않고도
스스로 해결하는 데서 온다.

- 헨리 포드 (Henry Ford) -

외부의 도움보다는 자신의 힘으로 문제를 해결할 때
한 걸음 더 성장하고 진정한 자립에 가까워질 수 있습니다.

경천근민 敬天勤民

하늘을[天] 공경하고[敬] 백성을[民] 부지런히[勤] 섬긴다

| 하늘을 공경하고 백성을 위해 일함 |

'하늘을 공경하고(敬天), 백성을 부지런히 섬긴다(勤民)'는 의미로, 하늘과 백성에 대한 깊은 존경과 책임감을 나타내는 사자성어입니다.

이 말은 특히 지도자나 통치자가 하늘을 섬기고, 백성을 위해 헌신하는 태도를 강조하는데 사용됩니다. 국가나 공동체의 지도자가 자신과 백성의 공동체를 위해 헌신하는 태도를 보일 때 이 표현이 적합합니다.

• 관련된 성어 ─────
민본주의(民本主義) : 백성을 근본으로 삼는 사상.
사민정치(事民政治) : 백성을 섬기며 정치를 한다.

───────────────

예문 그는 경천근민의 마음으로 백성을 위한 정책을 펴 나갔다.

敬	天	勤	民
공경할 경	하늘 천	부지런할 근	백성 민

◆◇◇
경천근민 敬天勤民

한 국가의 번영은 그 지도자의 공정함과
백성들의 부지런함에 달려 있으며,
둘 중 하나라도 소홀하면 쇠퇴한다.

- 아리스토텔레스 (Aristotle) -

공정한 지도자가 희망을 주고, 그 희망을 현실로 만들 때
그 사회는 비로소 온전한 미래를 꿈꿀 수 있습니다.

세상과 ——— 소통하는

사자성어
명언 필사

초판 1쇄 펴낸날 2025년 5월 30일

지은이 김한수
펴낸이 이종근
펴낸곳 도서출판 하늘아래

주소 경기도 고양시 일산동구 하늘마을로 57- 9 3층 302호
전화 (031) 976-3531
팩스 (031) 976-3530
이메일 haneulbook@naver.com
등록번호 제300-2006-23호

ISBN 979-11-5997-113-6 (04700)
ISBN 979-11-5997-112-9 (세트)